Pheare

Racine

Phèdre

Tragédie
1677

Préface de Silvia Monfort
Commentaires et notes
d'Alain Viala

Le Livre de Poche

Ce texte est conforme à l'édition de 1697, cependant les graphies et la ponctuation ont été modernisées dans tous les cas où la clarté et l'agrément de la lecture l'exigent.

Alain Viala est professeur à l'Université de Paris III-Sorbonne Nouvelle. Spécialisé dans la sociologie de la littérature, en particulier de la période classique.

A consacré sa thèse à *La Naissance des institutions de la vie littéraire* (1983, Édition A.R.T., Lille, 1985).

Auteur de *Naissance de l'écrivain - Sociologie de la littérature à l'âge classique* (Paris, Éditions de Minuit, collection « Le Sens commun », 1985). - Coauteur de l'édition de *Racine - Théâtre complet* (Paris, Garnier, 1980). - Nombreux articles sur la littérature classique. Un des principaux collaborateurs du *Dictionnaire des littératures de langue française* (Bordas, 1984). - Coauteur également d'ouvrages et articles sur la lecture, en particulier *Savoir lire* (Paris, Didier, 1982).

Une nouvelle approche du théâtre

LE *théâtre est échange entre le comédien et le public.* Le Livre de Poche Classique, *en publiant une série « Théâtre », cherche à développer cette même complicité entre l'auteur et son lecteur.*

Nous avons donc demandé à des metteurs en scène, à des comédiens, à des critiques de présenter la pièce et de nous faire partager leur joie de créateur. N'oublions pas que le théâtre est un jeu, « une scène libre au gré des fictions », disait Mallarmé. L'acteur, en revêtant son costume, « change de dimension, d'espèce, d'espace » (Léonor Fini).

Ici, la préface crée l'atmosphère à laquelle est convié le lecteur.

Mais il fallait éclairer la pièce. On ne peut aborder avec profit les chefs-d'œuvre du répertoire sans connaître les circonstances de leur création, l'intrigue, le jeu des personnages, l'accueil du public et de la critique, les ressorts dramatiques. Nous avons laissé le lecteur à la libre découverte du texte, mais aussi, pour le guider, nous avons fait appel à des universitaires, tous spécialistes du théâtre.

Nous avons voulu, en regroupant en fin de volume les Commentaires et les Notes, débarrasser le texte de ses « spots » scolaires. Toutes les interrogations qu'un élève, qu'un étudiant ou qu'un lecteur exempt de contrainte peuvent se poser, sont traitées dans six rubriques. Une abondante annotation vient compléter cette analyse.

Notre souhait a été de créer pour le théâtre de véritables Livres de Poche ayant leur place dans notre série Classique.

L'Éditeur.

Lettre à
monsieur Jean Racine

en guise de préface

Monsieur,

Vous avez écrit un chef-d'œuvre, *Phèdre*, je suis actrice et je l'ai interprété. Si le travail des critiques, théoriciens et autres penseurs commence par la réflexion, pour nous comédiens c'est longtemps, très longtemps après le travail de la création que vient à nous le sens de l'œuvre. Et encore, pas toujours. Je me suis demandé, parfois, s'il n'en allait pas de même d'un auteur dramatique. Savez-vous ce que vous faites, en écrivant ? On pourrait, à propos de *Phèdre*, à la lecture surtout de tant de commentaires et d'exégèses qui se superposent, se contredisent, poser cette inquiétante question. Car enfin, si l'on veut écouter tel philosophe contemporain, vous êtes un auteur impur où des éléments de tragédie véritable se mêlent sans la moindre harmonie aux redoutables germes du théâtre bourgeois qui sévit sur nos scènes depuis votre passage dans l'art dramatique, qui ne fut que transition. Mais on peut lire aussi que vous êtes le sommet rayonnant d'un art.

Il m'a fallu jouer le rôle de *Phèdre* dans cinq mises en scène différentes, au théâtre, à l'écran, avant d'oser dire publiquement qu'il me semble avoir saisi le personnage, non pas dans sa complexité, mais dans son essence.

Vous avez trop fréquenté les actrices pour ignorer qu'elles traversent des semaines très dures au début du travail, lorsqu'elles demeurent désespérément en relation d'inintelligence avec leur rôle. Mais vous savez bien, vous, que c'est sans importance. Ce qui compte c'est qu'il y ait eu rencontre ; dans le mystère et dès la première lecture. C'est comme le désir, ou bien il est présent dans le regard qui le provoque, ou bien il n'y aura jamais fusion. Tous les avis, compétents, impérieux, singuliers qui me furent octroyés au sujet de *Phèdre*, et que j'écoutais intensément, n'eurent d'autre résultat sur moi que de me ramener à ma *Phèdre*, cependant longtemps brumeuse, avec l'évidence du pion regagnant sa case de départ au Jeu de l'Oie.

Phèdre brûle en chacun de nous. Votre fils qui n'eut droit au spectacle qu'en son âge adulte, pour des raisons de pudeur, déplorait d'avoir mal pu suivre le déroulement de l'action tant ses propres tourments amoureux, remords et regrets, l'en avaient distrait. Il s'était identifié à cet univers passionnel sans trop pouvoir démêler le théâtre de la vie. Tel est le prodige de *Phèdre* : l'aborder, c'est prendre son mal. J'exagère ? Vous-même, après avoir vécu dans sa trop grande intimité, n'avez-vous pas dû renoncer au monde, vous retirer dans le mariage et la vertu ? N'est-ce pas là votre dernière tragédie avant les œuvres de commande, ces œuvres pieuses que sont *Esther* et *Athalie* ? Votre héroïne vous avait embarqué, mais vous n'étiez pas de sa trempe, vos amours étaient plus douteuses et vous avez su à temps vous mettre à l'abri. Combien de commentaires votre attitude a suscités ! *Phèdre* se situant aux frontières de votre long silence et juste avant vos retrouvailles avec Port-Royal. On prétendit que votre pièce portait les traces de ces anciens maîtres. Boileau, votre ami, se chargea d'une explication propre à satisfaire les pensionnaires de cette abbaye. Mais vous vous défendiez comme un beau diable. Dans une lettre à Mme de Maintenon, vous alliez jusqu'à qualifier d'erreur tout ce qui s'appela jansénisme. Que faut-il croire, où vous trouver ? Comme conclut le sage : il faudrait d'abord savoir ce qu'était exactement le jansénisme de Port-Royal, démontrer ensuite que vous l'avez clairement su, et prouver en dernier lieu que dans votre conception esthétique, vous vous êtes arrêté à cette conception du monde.

Ce qu'on peut tout juste objecter, c'est que vous avez piqué l'intrigue dans Euripide et Sénèque, que vous lisiez en même temps qu'Ovide, tous auteurs que vos anciens maîtres récusaient. Vous vous êtes bien païennement intéressé à ce règlement de comptes entre les Dieux de l'Olympe où Vénus condamne *Phèdre* à un amour irrésistible pour Hippolyte, le trop chaste adepte de Diane. Tant que vous vous référez à ces dramaturges du mythe, sans grandes variantes, vous ne prenez aucun risque quant à l'affaissement du tragique. *Phèdre* dialogue avec les Dieux, reste en famille (elle est petite-fille du Soleil, et son père juge des humains aux Enfers). *Phèdre*, donc, atteste le Destin, *Phèdre* est amoureuse sans liberté. *Phèdre* va mourir. Mais vous ne pouvez longtemps poursuivre ainsi. Vous êtes un auteur du XVIIe siècle. Vous épouvanteriez la Cour en faisant étalage de la violente misogynie dont Euripide parait Hippolyte. Peut-il s'écrier devant Louis XIV et Mme de Sévigné : « La femme est une affreuse pestilence ! » Certes non. Alors, pour cette époque policée, pour ces yeux qui souhaitent se mouiller de larmes, vous transformez le rude adolescent en malheureux amoureux d'Aricie. Du coup, *Phèdre* devient jalouse et vous nous précipitez tous, *Phèdre* la première, dans un drame psychologique. Le public, s'y retrouvant, se plaît à reconnaître en *Phèdre* une nouvelle Putiphar se jetant sur un nouveau Joseph. Ou, pire encore, l'héroïne flétrie-flétrissante d'un roman de Colette. Pourtant, vous ne pouviez, pour nous autres Français d'alors, mettre sur scène la déclaration d'amour de *Phèdre* aux débris d'Hippolyte, à ces morceaux épars que Thésée parvient à grand-peine à rassembler. Le futur historiographe du Roi-Soleil n'avait rien de commun avec le précepteur de Néron ! Racine n'est pas Sénèque et dès votre préface, vous le prouvez par mille précautions : « J'ai cru donner à Hippolyte quelque faiblesse qui le rendrait un peu coupable envers son père sans pourtant lui rien ôter de cette grandeur d'âme avec laquelle il épargne l'honneur de *Phèdre* et se laisse opprimer sans l'accuser. J'appelle faiblesse la passion qu'il ressent malgré lui pour Aricie qui est la fille et la sœur des ennemis mortels de son père... » Quand vous écriviez ces lignes, vous ne faisiez que grossir le peloton de tête de vos censeurs, de vos juges.

Cette tentation, cette tentative de juger *Phèdre*, c'est une absurdité à laquelle personne ne résiste. Chacun désire atteindre ce sommet qu'est *Phèdre* par une face non encore éprouvée. Il y eut récemment, par votre faute, une fulgurante querelle entre nos meilleurs penseurs. L'ouvrage de Roland Barthes : *Sur Racine*, ayant ébranlé la tradition universitaire, l'érudit Raymond Picard répondit par un pamphlet : *Nouvelle Critique ou Nouvelle Imposture ?* Au cours des années les plus glorieuses du règne de Louis XIV, vous avez porté au plus haut un art assez nouveau, un divertissement spécifique : la tragédie française. Vous avez, grâce à la perfection de votre travail littéraire, créé avec *Phèdre* le plus grand envoûtement verbal de tout le théâtre français. Et cet exploit est universellement reconnu. L'illustre metteur en scène russe qui porta Gorki à l'écran, Donskoï, souhaita que je vienne faire entendre en français les vers de *Phèdre*, les autres personnages s'exprimant en russe. Récemment, un metteur en scène japonais reprit l'idée. Il faut croire que cette musique si fameuse, « cet alexan-

drin qui chante tout seul si on le laisse libre, libre de
manifester son essence d'alexandrin » n'a pas besoin
qu'on lui impose un sens pour exalter toute la vertu du
langage. « *Phèdre* est une atmosphère à elle seule »,
s'écriait Claudel. Et François Mauriac accusait Hippolyte d'avoir chipé à *Phèdre* le seul vers d'une ligne,
d'une coupe, d'une évocation qui puisse rivaliser avec
ceux de l'héroïne : « Le jour n'est pas plus pur que le
fond de mon cœur. » Trop beau pour lui, mais digne
d'Elle.

J'osai prétendre, en commençant cette lettre, à la
connaissance de *Phèdre*. Je ne m'en dédie pas mais il
faut encore auparavant savoir que les meilleurs esprits
ne cessent de mener bataille sur l'âge de *Phèdre*, la
consistance de ses voiles, et la jouissance qu'elle connut
ou non entre les bras de Thésée, l'époux qui lui fit deux
enfants. Questions que l'essence même de *Phèdre* rend
saugrenues. Notons avec sérieux toutefois qu'au
moment où la troupe de l'Hôtel de Bourgogne se pré-
pare à monter *Phèdre* (et Racine veille), la Champmeslé
a trente-cinq ans. Par la suite, lorsque la Comédie-Française engage de jeunes talents, sur recommandation mais
après audition, filles de la balle comme protégées des
grands seigneurs choisissent une scène de *Phèdre* pour
cet examen de passage. Clairon, qui vient du théâtre-
aux-armées des Flandres n'a pas vingt ans. Adrienne
Lecouvreur, qui mourra dans les bras du maréchal de
Saxe, à trente-huit ans, pense avoir été empoisonnée par
Françoise de Lorraine, duchesse de Bouillon. Un soir
où sa rivale est dans l'avant-scène, elle s'en approche
pour dire : « ... je ne suis point de ces femmes hardies /
Qui goûtant dans le crime une tranquille joie, / Ont su
se faire un front qui ne rougit jamais. » Sarah Bernhardt,
maîtresse entretenue du duc de Morny dès le Conserva-
toire, s'essaie tôt dans le rôle, reçoit les dithyrambes de
la critique et s'évanouit dans les bras de Mounet-Sully

après le quinzième rappel. Toutes étaient jeunes. Mais à mesure que la Maison de Molière prend des siècles, les sociétaires illustres s'y prolongent dans le rôle. Et toutes, ou presque, y triomphent. Pourtant, en 1882, Edmond de Goncourt écrit : « Le rôle de *Phèdre* est vraiment trop multiple... il n'y a jamais eu d'actrice au monde faite de façon à satisfaire complètement dans cette création. Ce n'est pas ma faute, c'est la faute à Racine. » Cent ans plus tard, à son tour, Roland Barthes écrit à l'occasion d'une représentation au T.N.P. de Jean Vilar : « Je ne suis pas sûr que *Phèdre* soit un bon rôle, c'est un rôle dont la cohérence est incertaine, c'est un rôle divisé. »

Seulement voilà, ce n'est pas un rôle, ce n'est pas un personnage, ce n'est même pas une figure, *Phèdre* est le Feu.

Et elle faillit vous consumer. En une époque où le médecin anglais Sydenham, fondateur de la clinique moderne, décrit la mécanique passionnelle de l'hystérie, malgré la grandeur, âme et sens, que vous prêtez à votre héroïne, il vous faut vous défendre de son attitude morbide et d'avoir un pied chez les sorcières. Malgré votre goût prononcé pour les actrices, vous ne parvenez pas à porter sur scène un personnage sans dangers pour l'interprète. Malgré votre génie reconnu d'auteur dramatique, vous permettez que la construction de la pièce puisse être jugée esthétiquement anarchique. Malgré vous, *Phèdre* parle, avoue, ruse, gronde, assassine hors de toute morale. Hors de vous elle amène à l'incandescence tous interlocuteurs visibles ou invisibles, les unit et les fond en une merveilleuse harmonie dont j'aimerais finalement, si vous le permettez, Monsieur, vous attribuer le mérite.

SILVIA MONFORT

Phèdre

Préface de Racine

Voici encore une tragédie dont le sujet est pris d'Euripide. Quoique j'aie suivi une route un peu différente de celle de cet auteur pour la conduite de l'action, je n'ai pas laissé d'enrichir ma pièce de tout ce qui m'a paru le plus éclatant dans la sienne. Quand je ne lui devrais que la seule idée du caractère de Phèdre, je pourrais dire que je lui dois ce que j'ai peut-être mis de plus raisonnable sur le théâtre. Je ne suis point étonné que ce caractère ait eu un succès si heureux du temps d'Euripide, et qu'il ait encore si bien réussi dans notre siècle, puisqu'il a toutes les qualités qu'Aristote demande dans le héros de la tragédie, et qui sont propres à exciter la compassion et la terreur. En effet, Phèdre n'est ni tout à fait coupable, ni tout à fait innocente. Elle est engagée, par sa destinée et par la colère des dieux, dans une passion illégitime, dont elle a horreur toute la première. Elle fait tous ses efforts pour la surmonter. Elle aime mieux se laisser mourir que de la déclarer à personne, et lorsqu'elle est forcée de la découvrir, elle en parle avec une confusion qui fait bien voir que son crime est plutôt une punition des dieux qu'un mouvement de sa volonté.

J'ai même pris soin de la rendre un peu moins odieuse qu'elle n'est dans les tragédies des Anciens, où elle se résout d'elle-même à accuser Hippolyte. J'ai cru que la calomnie avait quelque chose de trop bas et de trop noir pour la mettre dans la bouche d'une princesse qui a d'ailleurs des sentiments si nobles et si vertueux. Cette bassesse m'a paru plus convenable à une nourrice, qui pouvait avoir des inclinations plus serviles, et qui néanmoins n'entreprend cette fausse accusation que pour sauver la vie et l'honneur de sa maîtresse. Phèdre n'y donne les mains que parce qu'elle est dans une agitation d'esprit qui la met hors d'elle-même, et elle vient un moment après dans le dessein de justifier l'innocence et de déclarer la vérité.

Hippolyte est accusé, dans Euripide et dans Sénèque, d'avoir en effet violé sa belle-mère : *Vim corpus tulit*[1]. Mais il n'est ici accusé que d'en avoir eu le dessein. J'ai voulu épargner à Thésée une confusion qui l'aurait pu rendre moins agréable aux spectateurs.

Pour ce qui est du personnage d'Hippolyte, j'avais remarqué dans les Anciens qu'on reprochait à Euripide de l'avoir représenté comme un philosophe exempt de toute imperfection ; ce qui faisait que la mort de ce jeune prince causait beaucoup plus d'indignation que de pitié. J'ai cru lui devoir donner quelque faiblesse qui le rendrait un peu coupable envers son père, sans pourtant lui rien ôter de cette grandeur d'âme avec laquelle il épargne l'honneur de Phèdre, et se laisse opprimer sans l'accuser. J'appelle faiblesse la passion qu'il ressent malgré lui pour Aricie, qui est la fille et la sœur des ennemis mortels de son père.

Cette Aricie n'est point un personnage de mon invention. Virgile dit qu'Hippolyte l'épousa, et en eut un fils, après qu'Esculape l'eut ressuscité[2]. Et j'ai lu encore dans quelques auteurs qu'Hippolyte avait épousé et emmené en Italie une jeune Athénienne de grande naissance, qui

s'appelait Aricie, et qui avait donné son nom à une
petite ville d'Italie.

Je rapporte ces autorités, parce que je me suis très
scrupuleusement attaché à suivre la fable[1]. J'ai même
suivi l'histoire de Thésée, telle qu'elle est dans Plutarque.

C'est dans cet historien que j'ai trouvé que ce qui
avait donné occasion de croire que Thésée fût descendu
dans les enfers pour enlever Proserpine, était un voyage
que ce prince avait fait en Épire vers la source de
l'Achéron, chez un roi dont Pirithoüs voulait enlever la
femme, et qui arrêta Thésée prisonnier, après avoir fait
mourir Pirithoüs. Ainsi j'ai tâché de conserver la vrai-
semblance de l'histoire, sans rien perdre des ornements
de la fable, qui fournit extrêmement à la poésie ; et le
bruit de la mort de Thésée, fondé sur ce voyage fabuleux, donne lieu à Phèdre de faire une déclaration
d'amour, qui devient une des principales causes de son
malheur, et qu'elle n'aurait jamais osé faire tant qu'elle
aurait cru que son mari était vivant.

Au reste, je n'ose encore assurer que cette pièce soit
en effet la meilleure de mes tragédies. Je laisse aux lecteurs et au temps à décider de son véritable prix. Ce que
je puis assurer, c'est que je n'en ai point fait où la vertu
soit plus mise en jour que dans celle-ci. Les moindres
fautes y sont sévèrement punies ; la seule pensée du
crime y est regardée avec autant d'horreur que le crime
même ; les faiblesses de l'amour y passent pour de
vraies faiblesses ; les passions n'y sont présentées aux
yeux que pour montrer tout le désordre dont elles sont
cause ; et le vice y est peint partout avec des couleurs
qui en font connaître et haïr la difformité. C'est là proprement le but que tout homme qui travaille pour le
public doit se proposer, et c'est ce que les premiers poètes tragiques avaient en vue sur toute chose. Leur théâtre était une école où la vertu n'était pas moins bien

enseignée que dans les écoles des philosophes. Aussi Aristote a bien voulu donner des règles du poème dramatique, et Socrate, le plus sage des philosophes, ne dédaignait pas de mettre la main aux tragédies d'Euripide. Il serait à souhaiter que nos ouvrages fussent aussi solides et aussi pleins d'utiles instructions que ceux de ces poètes. Ce serait peut-être un moyen de réconcilier la tragédie avec quantité de personnes célèbres par leur piété et par leur doctrine, qui l'ont condamnée dans ces derniers temps, et qui en jugeraient sans doute plus favorablement, si les auteurs songeaient autant à instruire leurs spectateurs qu'à les divertir, et s'ils suivaient en cela la véritable intention de la tragédie.

Phèdre

Tragédie

Acteurs

THÉSÉE, *fils d'Égée, roi d'Athènes*

PHÈDRE, *femme de Thésée, fille de Minos et de Pasi-phaé*

HIPPOLYTE, *fils de Thésée et d'Antiope, reine des Amazones*

ARICIE, *princesse du sang royal d'Athènes*

ŒNONE, *nourrice et confidente[1] de Phèdre*

THÉRAMÈNE, *gouverneur d'Hippolyte*

ISMÈNE, *confidente d'Aricie*

PANOPE, *femme de la suite de Phèdre*

GARDES.

La scène est à Trézène, ville du Péloponnèse.

Acte I

Scène 1

HIPPOLYTE, THÉRAMÈNE

HIPPOLYTE

Le dessein en est pris : je pars, cher Théramène,
Et quitte le séjour de l'aimable Trézène.
Dans le doute mortel dont je suis agité,
Je commence à rougir de mon oisiveté.
Depuis plus de six mois éloigné de mon père,
J'ignore le destin d'une tête si chère ;
J'ignore jusqu'aux lieux qui le peuvent cacher.

THÉRAMÈNE

Et dans quels lieux, Seigneur, l'allez-vous donc
Déjà pour satisfaire à votre juste crainte,   [chercher ?
10 J'ai couru les deux mers que sépare Corinthe[1] ;
J'ai demandé Thésée aux peuples de ces bords
Où l'on voit l'Achéron se perdre chez les morts[2] ;
J'ai visité l'Élide, et laissant le Ténare,
Passé jusqu'à la mer qui vit tomber Icare[3].
Sur quel espoir nouveau, dans quels heureux climats
Croyez-vous découvrir la trace de ses pas ?
Qui sait même, qui sait si le roi votre père
Veut que de son absence on sache le mystère ?
Et si, lorsque avec vous nous tremblons pour ses jours,
20 Tranquille, et nous cachant de nouvelles amours[4],
Ce héros n'attend point qu'une amante abusée...

HIPPOLYTE

Cher Théramène, arrête, et respecte Thésée.
De ses jeunes erreurs désormais revenu,
Par un indigne obstacle il n'est point retenu ;
Et fixant de ses vœux l'inconstance fatale,
Phèdre depuis longtemps ne craint plus de rivale.
Enfin en le cherchant je suivrai mon devoir,
Et je fuirai ces lieux que je n'ose plus voir.

THÉRAMÈNE

Hé ! depuis quand, Seigneur, craignez-vous la présence
30 De ces paisibles lieux si chers à votre enfance,
Et dont je vous ai vu préférer le séjour
Au tumulte pompeux d'Athène[1] et de la cour ?
Quel péril, ou plutôt quel chagrin vous en chasse ?

HIPPOLYTE

Cet heureux temps n'est plus. Tout a changé de face
Depuis que sur ces bords les dieux ont envoyé
La fille de Minos et de Pasiphaé.

THÉRAMÈNE

J'entends. De vos douleurs la cause m'est connue.
Phèdre ici vous chagrine et blesse votre vue.
Dangereuse marâtre, à peine elle vous vit,
40 Que votre exil d'abord signala son crédit.
Mais sa haine sur vous autrefois attachée,
Ou s'est évanouie, ou s'est bien relâchée.
Et d'ailleurs, quels périls vous peut faire courir
Une femme mourante, et qui cherche à mourir ?
Phèdre, atteinte d'un mal qu'elle s'obstine à taire,
Lasse enfin d'elle-même et du jour qui l'éclaire,
Peut-elle contre vous former quelques desseins ?

HIPPOLYTE

Sa vaine inimitié n'est pas ce que je crains.
Hippolyte en partant fuit une autre ennemie :
50 Je fuis, je l'avouerai, cette jeune Aricie,
Reste d'un sang fatal conjuré contre nous.

THÉRAMÈNE

Quoi ? vous-même, Seigneur, la persécutez-vous ?
Jamais l'aimable sœur des cruels Pallantides
Trempa-t-elle aux complots de ses frères perfides ?
Et devez-vous haïr ses innocents appas ?

HIPPOLYTE

Si je la haïssais, je ne la fuirais pas.

THÉRAMÈNE

Seigneur, m'est-il permis d'expliquer votre fuite ?
Pourriez-vous n'être plus ce superbe Hippolyte,
Implacable ennemi des amoureuses lois,
60 Et d'un joug que Thésée a subi tant de fois ?
Vénus, par votre orgueil si longtemps méprisée,
Voudrait-elle à la fin justifier Thésée ?
Et vous mettant au rang du reste des mortels,
Vous a-t-elle forcé d'encenser ses autels ?
Aimeriez-vous, Seigneur ?

HIPPOLYTE

                                Ami, qu'oses-tu dire ?
Toi qui connais mon cœur depuis que je respire,
Des sentiments d'un cœur si fier, si dédaigneux,
Peux-tu me demander le désaveu honteux ?
C'est peu qu'avec son lait une mère amazone
70 M'a fait sucer encor cet orgueil qui t'étonne.
Dans un âge plus mûr moi-même parvenu,
Je me suis applaudi quand je me suis connu.
Attaché près de moi par un zèle sincère,
Tu me contais alors l'histoire de mon père.
Tu sais combien mon âme, attentive à ta voix,
S'échauffait aux récits de ses nobles exploits,
Quand tu me dépeignais ce héros intrépide
Consolant les mortels de l'absence d'Alcide,
Les monstres étouffés et les brigands punis,
80 Procuste, Cercyon, et Scirron, et Sinnis,

Et les os dispersés du géant d'Épidaure,
Et la Crète fumant du sang du Minotaure.
Mais quand tu récitais des faits moins glorieux,
Sa foi partout offerte et reçue en cent lieux,
Hélène à ses parents dans Sparte dérobée[1],
Salamine témoin des pleurs de Péribée,
Tant d'autres, dont les noms lui sont même échappés,
Trop crédules esprits que sa flamme a trompés ;
Ariane aux rochers contant ses injustices,
90 Phèdre enlevée enfin sous de meilleurs auspices ;
Tu sais comme, à regret écoutant ce discours,
Je te pressais souvent d'en abréger le cours,
Heureux si j'avais pu ravir à la mémoire
Cette indigne moitié d'une si belle histoire !
Et moi-même, à mon tour, je me verrais lié ?
Et les dieux jusque-là m'auraient humilié ?
Dans mes lâches soupirs d'autant plus méprisable,
Qu'un long amas d'honneurs rend Thésée excusable,
Qu'aucuns monstres par moi domptés

                   [jusqu'aujourd'hui,
100 Ne m'ont acquis le droit de faillir comme lui.
Quand même ma fierté pourrait s'être adoucie,
Aurais-je pour vainqueur dû choisir Aricie ?
Ne souviendrait-il plus à mes sens égarés
De l'obstacle éternel qui nous a séparés ?
Mon père la réprouve, et par des lois sévères,
Il défend de donner des neveux à ses frères :
D'une tige coupable il craint un rejeton ;
Il veut avec leur sœur ensevelir leur nom,
Et que jusqu'au tombeau soumise à sa tutelle,
110 Jamais les feux d'hymen ne s'allument pour elle.
Dois-je épouser ses droits contre un père irrité ?
Donnerai-je l'exemple à la témérité ?
Et dans un fol amour ma jeunesse embarquée...

THÉRAMÈNE

Ah ! Seigneur, si votre heure est une fois marquée,
Le ciel de nos raisons ne sait point s'informer.
Thésée ouvre vos yeux en voulant les fermer ;
Et sa haine, irritant une flamme rebelle,
Prête à son ennemie une grâce nouvelle.
Enfin, d'un chaste amour pourquoi vous effrayer ?
120 S'il a quelque douceur, n'osez-vous l'essayer ?
En croirez-vous toujours un farouche scrupule ?
Craint-on de s'égarer sur les traces d'Hercule ?
Quels courages Vénus n'a-t-elle pas domptés ?
Vous-même où seriez-vous, vous qui la combattez,
Si toujours Antiope à ses lois opposée
D'une pudique ardeur n'eût brûlé pour Thésée ?
Mais que sert d'affecter un superbe discours ?
Avouez-le, tout change ; et depuis quelques jours,
On vous voit moins souvent, orgueilleux et sauvage,
130 Tantôt faire voler un char sur le rivage,
Tantôt, savant dans l'art par Neptune inventé[1],
Rendre docile au frein un coursier indompté.
Les forêts de nos cris moins souvent retentissent ;
Chargés d'un feu secret, vos yeux s'appesantissent.
Il n'en faut point douter : vous aimez, vous brûlez ;
Vous périssez d'un mal que vous dissimulez.
La charmante Aricie a-t-elle su vous plaire ?

HIPPOLYTE

Théramène, je pars, et vais chercher mon père.

THÉRAMÈNE

Ne verrez-vous point Phèdre avant que de partir,
140 Seigneur ?

HIPPOLYTE

C'est mon dessein : tu peux l'en avertir.
Voyons-la, puisque ainsi mon devoir me l'ordonne.
Mais quel nouveau malheur trouble sa chère Œnone ?

Scène 2
HIPPOLYTE, ŒNONE, THÉRAMÈNE

ŒNONE

Hélas ! Seigneur, quel trouble au mien peut être égal ?
La reine touche presque à son terme fatal.
En vain à l'observer jour et nuit je m'attache ;
Elle meurt dans mes bras d'un mal qu'elle me cache.
Un désordre éternel règne dans son esprit ;
Son chagrin inquiet l'arrache de son lit :
Elle veut voir le jour, et sa douleur profonde
150 M'ordonne toutefois d'écarter tout le monde...
Elle vient...

HIPPOLYTE

       Il suffit : je la laisse en ces lieux,
Et ne lui montre point un visage odieux.

Scène 3
PHÈDRE, ŒNONE

PHÈDRE

N'allons point plus avant. Demeurons, chère Œnone.
Je ne me soutiens plus ; ma force m'abandonne.
Mes yeux sont éblouis du jour que je revois,
Et mes genoux tremblants se dérobent sous moi.
Hélas !
   Elle s'assied.

ŒNONE

    Dieux tout-puissants, que nos pleurs vous
                               [apaisent !

PHÈDRE

Que ces vains ornements, que ces voiles me pèsent !
Quelle importune main, en formant tous ces nœuds,
160 A pris soin sur mon front d'assembler mes cheveux ?
Tout m'afflige et me nuit, et conspire à me nuire.

ŒNONE

Comme on voit tous ses vœux l'un l'autre se détruire !
Vous-même, condamnant vos injustes desseins,
Tantôt à vous parer vous excitiez nos mains ;
Vous-même, rappelant votre force première,
Vous vouliez vous montrer et revoir la lumière,
Vous la voyez, Madame, et prête à vous cacher,
Vous haïssez le jour que vous veniez chercher !

PHÈDRE

Noble et brillant auteur d'une triste famille[1],
170 Toi, dont ma mère osait se vanter d'être fille,
Qui peut-être rougis du trouble où tu me vois,
Soleil, je te viens voir pour la dernière fois !

ŒNONE

Quoi ! vous ne perdrez point cette cruelle envie ?
Vous verrai-je toujours, renonçant à la vie,
Faire de votre mort les funestes apprêts ?

PHÈDRE

Dieux ! que ne suis-je assise à l'ombre des forêts !
Quand pourrai-je, au travers d'une noble poussière,
Suivre de l'œil un char fuyant dans la carrière ?

ŒNONE

Quoi, Madame ?

PHÈDRE

                    Insensée, où suis-je ? et qu'ai-je dit ?
180 Où laissé-je égarer mes vœux et mon esprit ?
Je l'ai perdu : les dieux m'en ont ravi l'usage.
Œnone, la rougeur me couvre le visage :
Je te laisse trop voir mes honteuses douleurs,

Et mes yeux, malgré moi, se remplissent de pleurs.

ŒNONE

Ah ! s'il vous faut rougir, rougissez d'un silence
Qui de vos maux encore aigrit la violence.
Rebelle à tous nos soins, sourde à tous nos discours,
Voulez-vous sans pitié laisser finir vos jours ?
Quelle fureur les borne au milieu de leur course ?
190 Quel charme ou quel poison en a tari la source ?
Les ombres par trois fois ont obscurci les cieux
Depuis que le sommeil n'est entré dans vos yeux ;
Et le jour a trois fois chassé la nuit obscure
Depuis que votre corps languit sans nourriture.
A quel affreux dessein vous laissez-vous tenter ?
De quel droit sur vous-même osez-vous attenter ?
Vous offensez les dieux auteurs de votre vie,
Vous trahissez l'époux à qui la foi vous lie,
Vous trahissez enfin vos enfants malheureux,
200 Que vous précipitez sous un joug rigoureux.
Songez qu'un même jour leur ravira leur mère,
Et rendra l'espérance au fils de l'étrangère,
A ce fier ennemi de vous, de votre sang,
Ce fils qu'une Amazone a porté dans son flanc,
Cet Hippolyte...

PHÈDRE

Ah ! dieux !

ŒNONE

Ce reproche vous touche ?

PHÈDRE

Malheureuse, quel nom est sorti de ta bouche ?

ŒNONE

Eh bien ! votre colère éclate avec raison :
J'aime à vous voir frémir à ce funeste nom.
Vivez donc : que l'amour, le devoir, vous excite ;
210 Vivez, ne souffrez pas que le fils d'une Scythe[1],
Accablant vos enfants d'un empire odieux,

*Marguerite Jamois. Mise en scène de Gaston Baty
(Théâtre Montparnasse, 1947).*

Commande au plus beau sang de la Grèce et des
[dieux.
Mais ne différez point : chaque moment vous tue.
Réparez promptement votre force abattue,
Tandis que de vos jours, prêts à se consumer,
Le flambeau dure encore, et peut se rallumer.

PHÈDRE

J'en ai trop prolongé la coupable durée.

ŒNONE

Quoi ? de quelques remords êtes-vous déchirée ?
Quel crime a pu produire un trouble si pressant ?
220 Vos mains n'ont point trempé dans le sang innocent[1].

PHÈDRE

Grâces au ciel, mes mains ne sont point criminelles.
Plût aux dieux que mon cœur fût innocent comme
[elles[2] !

ŒNONE

Et quel affreux projet avez-vous enfanté
Dont votre cœur encor doive être épouvanté ?

PHÈDRE

Je t'en ai dit assez. Épargne-moi le reste.
Je meurs, pour ne point faire un aveu si funeste.

ŒNONE

Mourez donc, et gardez un silence inhumain ;
Mais pour fermer vos yeux cherchez une autre main.
Quoiqu'il vous reste à peine une faible lumière,
230 Mon âme chez les morts descendra la première ;
Mille chemins ouverts y conduisent toujours,
Et ma juste douleur choisira les plus courts.
Cruelle, quand ma foi vous a-t-elle déçue ?
Songez-vous qu'en naissant mes bras vous ont reçue ?
Mon pays, mes enfants, pour vous j'ai tout quitté.
Réserviez-vous ce prix à ma fidélité ?

PHÈDRE

Quel fruit espères-tu de tant de violence?
Tu frémiras d'horreur si je romps le silence.

ŒNONE

Et que me direz-vous qui ne cède, grands dieux!
240 A l'horreur de vous voir expirer à mes yeux?

PHÈDRE

Quand tu sauras mon crime, et le sort qui m'accable,
Je n'en mourrai pas moins, j'en mourrai plus coupable.

ŒNONE

Madame, au nom des pleurs que pour vous j'ai versés,
Par vos faibles genoux que je tiens embrassés,
Délivrez mon esprit de ce funeste doute.

PHÈDRE

Tu le veux. Lève-toi.

ŒNONE

                    Parlez: je vous écoute.

PHÈDRE

Ciel! que lui vais-je dire? et par où commencer?

ŒNONE

Par de vaines frayeurs cessez de m'offenser.

PHÈDRE

Ô haine de Vénus! Ô fatale colère!
250 Dans quels égarements l'amour jeta ma mère[1]!

ŒNONE

Oublions-les, Madame, et qu'à tout l'avenir
Un silence éternel cache ce souvenir.

PHÈDRE

Ariane, ma sœur, de quel amour blessée
Vous mourûtes aux bords où vous fûtes laissée!

ŒNONE

Que faites-vous, Madame? et quel mortel ennui
Contre tout votre sang vous anime aujourd'hui?

PHÈDRE

Puisque Vénus le veut, de ce sang déplorable
Je péris la dernière et la plus misérable.

ŒNONE

Aimez-vous?

PHÈDRE

De l'amour j'ai toutes les fureurs.

ŒNONE

260 Pour qui?

PHÈDRE

Tu vas ouïr le comble des horreurs.
J'aime... A ce nom fatal, je tremble, je frissonne.
J'aime...

ŒNONE

Qui?

PHÈDRE

Tu connais ce fils de l'Amazone,
Ce prince si longtemps par moi-même opprimé?

ŒNONE

Hippolyte? Grands dieux!

PHÈDRE

C'est toi qui l'as nommé!

ŒNONE

Juste ciel! tout mon sang dans mes veines se glace!
Ô désespoir! ô crime! ô déplorable race!
Voyage infortuné! Rivage malheureux,
Fallait-il approcher de tes bords dangereux[1]?

PHÈDRE

Mon mal vient de plus loin. A peine au fils d'Égée
270 Sous les lois de l'hymen je m'étais engagée,
Mon repos, mon bonheur semblait être affermi,
Athènes me montra mon superbe ennemi.
Je le vis, je rougis, je pâlis à sa vue;

Un trouble s'éleva dans mon âme éperdue ;
Mes yeux ne voyaient plus, je ne pouvais parler ;
Je sentis tout mon corps et transir et brûler.
Je reconnus Vénus et ses feux redoutables,
D'un sang qu'elle poursuit, tourments inévitables.
Par des vœux assidus je crus les détourner :
280 Je lui bâtis un temple, et pris soin de l'orner ;
De victimes moi-même à toute heure entourée,
Je cherchais dans leurs flancs ma raison égarée[1].
D'un incurable amour remèdes impuissants !
En vain sur les autels ma main brûlait l'encens :
Quand ma bouche implorait le nom de la déesse,
J'adorais Hippolyte, et le voyant sans cesse,
Même au pied des autels que je faisais fumer,
J'offrais tout à ce dieu que je n'osais nommer.
Je l'évitais partout. Ô comble de misère !
290 Mes yeux le retrouvaient dans les traits de son père.
Contre moi-même enfin j'osai me révolter :
J'excitai mon courage à le persécuter.
Pour bannir l'ennemi dont j'étais idolâtre,
J'affectai les chagrins d'une injuste marâtre ;
Je pressai son exil, et mes cris éternels
L'arrachèrent du sein et des bras paternels.
Je respirais, Œnone ; et depuis son absence,
Mes jours moins agités coulaient dans l'innocence ;
Soumise à mon époux, et cachant mes ennuis,
300 De son fatal hymen je cultivais les fruits[2].
Vaines précautions ! Cruelle destinée !
Par mon époux lui-même à Trézène amenée,
J'ai revu l'ennemi que j'avais éloigné :
Ma blessure trop vive aussitôt a saigné.
Ce n'est plus une ardeur dans mes veines cachée :
C'est Vénus tout entière à sa proie attachée.
J'ai conçu pour mon crime une juste terreur.
J'ai pris la vie en haine et ma flamme en horreur ;
Je voulais en mourant prendre soin de ma gloire,

310 Et dérober au jour une flamme si noire.
  Je n'ai pu soutenir tes larmes, tes combats ;
  Je t'ai tout avoué ; je né m'en repens pas,
  Pourvu que de ma mort respectant les approches,
  Tu ne m'affliges plus par d'injustes reproches,
  Et que tes vains secours cessent de rappeler
  Un reste de chaleur tout prêt à s'exhaler.

Scène 4

PHÈDRE, ŒNONE, PANOPE

PANOPE

  Je voudrais vous cacher une triste nouvelle,
  Madame, mais il faut que je vous la révèle :
  La mort vous a ravi votre invincible époux,
320 Et ce malheur n'est plus ignoré que de vous.

ŒNONE

  Panope, que dis-tu ?

PANOPE

                    Que la reine abusée
  En vain demande au ciel le retour de Thésée,
  Et que par des vaisseaux arrivés dans le port,
  Hippolyte son fils vient d'apprendre sa mort.

PHÈDRE

  Ciel !

PANOPE

        Pour le choix d'un maître Athènes se partage :
  Au prince votre fils l'un donne son suffrage,
  Madame, et de l'État l'autre oubliant les lois,
  Au fils de l'étrangère ose donner sa voix.
  On dit même qu'au trône une brigue insolente
330 Veut placer Aricie et le sang de Pallante.

J'ai cru de ce péril vous devoir avertir.
Déjà même Hippolyte est tout prêt à partir[1] ;
Et l'on craint, s'il paraît dans ce nouvel orage,
Qu'il n'entraîne après lui tout un peuple volage.

ŒNONE

Panope, c'est assez ; la reine qui t'entend
Ne négligera point cet avis important.

Scène 5

PHÈDRE, ŒNONE

ŒNONE

Madame, je cessais de vous presser de vivre,
Déjà même au tombeau, je songeais à vous suivre ;
Pour vous en détourner je n'avais plus de voix ;
340 Mais ce nouveau malheur vous prescrit d'autres lois.
Votre fortune change et prend une autre face :
Le roi n'est plus, Madame, il faut prendre sa place.
Sa mort vous laisse un fils à qui vous vous devez,
Esclave s'il vous perd, et roi si vous vivez.
Sur qui, dans son malheur, voulez-vous qu'il
                        [s'appuie ?
Ses larmes n'auront plus de main qui les essuie,
Et ses cris innocents, portés jusques aux dieux,
Iront contre sa mère irriter ses aïeux.
Vivez, vous n'avez plus de reproche à vous faire :
350 Votre flamme devient une flamme ordinaire.
Thésée en expirant vient de rompre les nœuds
Qui faisaient tout le crime et l'horreur de vos feux.
Hippolyte pour vous devient moins redoutable,
Et vous pouvez le voir sans vous rendre coupable.
Peut-être, convaincu de votre aversion,
Il va donner un chef à la sédition :

Détrompez son erreur, fléchissez son courage.
Roi de ces bords heureux, Trézène est son partage,
Mais il sait que les lois donnent à votre fils
360 Les superbes remparts que Minerve a bâtis[1].
Vous avez l'un et l'autre une juste ennemie :
Unissez-vous tous deux pour combattre Aricie.

PHÈDRE

Eh bien ! à tes conseils je me laisse entraîner.
Vivons, si vers la vie on peut me ramener,
Et si l'amour d'un fils, en ce moment funeste,
De mes faibles esprits peut ranimer le reste.

Acte II

Scène 1
ARICIE, ISMÈNE

ARICIE

Hippolyte demande à me voir en ce lieu?
Hippolyte me cherche, et veut me dire adieu?
Ismène, dis-tu vrai? N'es-tu point abusée?

ISMÈNE

370 C'est le premier effet de la mort de Thésée.
Préparez-vous, Madame, à voir de tous côtés
Voler vers vous les cœurs par Thésée écartés.
Aricie à la fin de son sort est maîtresse,
Et bientôt à ses pieds verra toute la Grèce.

ARICIE

Ce n'est donc point, Ismène, un bruit mal affermi?
Je cesse d'être esclave, et n'ai plus d'ennemi?

ISMÈNE

Non, Madame, les dieux ne vous sont plus contraires
Et Thésée a rejoint les mânes de vos frères.

ARICIE

Dit-on quelle aventure a terminé ses jours?

ISMÈNE

380 On sème de sa mort d'incroyables discours.
On dit que, ravisseur d'une amante nouvelle,
Les flots ont englouti cet époux infidèle.

On dit même, et ce bruit est partout répandu,
Qu'avec Pirithoüs aux enfers descendu,
Il a vu le Cocyte et les rivages sombres,
Et s'est montré vivant aux infernales ombres[1],
Mais qu'il n'a pu sortir de ce triste séjour,
Et repasser les bords qu'on passe sans retour.

ARICIE

Croirai-je qu'un mortel avant sa dernière heure
390 Peut pénétrer des morts la profonde demeure ?
Quel charme l'attirait sur ces bords redoutés ?

ISMÈNE

Thésée est mort, Madame, et vous seule en doutez :
Athènes en gémit, Trézène en est instruite
Et déjà pour son roi reconnaît Hippolyte ;
Phèdre, dans ce palais, tremblante pour son fils,
De ses amis troublés demande les avis.

ARICIE

Et tu crois que pour moi plus humain que son père,
Hippolyte rendra ma chaîne plus légère ;
Qu'il plaindra mes malheurs ?

ISMÈNE

                          Madame, je le croi[2].

ARICIE

400 L'insensible Hippolyte est-il connu de toi ?
Sur quel frivole espoir penses-tu qu'il me plaigne,
Et respecte en moi seule un sexe qu'il dédaigne ?
Tu vois depuis quel temps il évite nos pas,
Et cherche tous les lieux où nous ne sommes pas.

ISMÈNE

Je sais de ses froideurs tout ce que l'on récite ;
Mais j'ai vu près de vous ce superbe Hippolyte,
Et même, en le voyant, le bruit de sa fierté
A redoublé pour lui ma curiosité.
Sa présence à ce bruit n'a point paru répondre :

410 Dès vos premiers regards je l'ai vu se confondre ;
    Ses yeux, qui vainement voulaient vous éviter,
    Déjà pleins de langueur ne pouvaient vous quitter.
    Le nom d'amant peut-être offense son courage ;
    Mais il en a les yeux, s'il n'en a le langage.

ARICIE

    Que mon cœur, chère Ismène, écoute avidement
    Un discours qui peut-être a peu de fondement !
    Ô toi qui me connais, te semblait-il croyable
    Que le triste jouet d'un sort impitoyable,
    Un cœur toujours nourri d'amertume et de pleurs,
420 Dût connaître l'amour et ses folles douleurs ?
    Reste du sang d'un roi noble fils de la terre[1],
    Je suis seule échappée aux fureurs de la guerre.
    J'ai perdu, dans la fleur de leur jeune saison,
    Six frères... Quel espoir d'une illustre maison !
    Le fer moissonna tout, et la terre humectée
    But à regret le sang des neveux d'Érechthée.
    Tu sais, depuis leur mort, quelle sévère loi
    Défend à tous les Grecs de soupirer pour moi :
    On craint que de la sœur les flammes téméraires
430 Ne raniment un jour la cendre de ses frères.
    Mais tu sais bien aussi de quel œil dédaigneux
    Je regardais ce soin d'un vainqueur soupçonneux[2] ;
    Tu sais que de tout temps à l'amour opposée,
    Je rendais souvent grâce à l'injuste Thésée,
    Dont l'heureuse rigueur secondait mes mépris.
    Mes yeux alors, mes yeux n'avaient pas vu son fils.
    Non que par les yeux seuls lâchement enchantée,
    J'aime en lui sa beauté, sa grâce tant vantée,
    Présents dont la nature a voulu l'honorer,
440 Qu'il méprise lui-même et qu'il semble ignorer ;
    J'aime, je prise en lui de plus nobles richesses,
    Les vertus de son père, et non point les faiblesses.
    J'aime, je l'avouerai, cet orgueil généreux

Qui jamais n'a fléchi sous le joug amoureux.
Phèdre en vain s'honorait des soupirs de Thésée :
Pour moi, je suis plus fière et fuis la gloire aisée
D'arracher un hommage à mille autres offert,
Et d'entrer dans un cœur de toutes parts ouvert.
Mais de faire fléchir un courage inflexible,
450 De porter la douleur dans une âme insensible,
D'enchaîner un captif de ses fers étonné,
Contre un joug qui lui plaît vainement mutiné,
C'est là ce que je veux, c'est là ce qui m'irrite.
Hercule à désarmer coûtait moins qu'Hippolyte,
Et vaincu plus souvent, et plus tôt surmonté,
Préparait moins de gloire aux yeux qui l'ont dompté.
Mais, chère Ismène, hélas ! quelle est mon impru-
On ne m'opposera que trop de résistance.   [dence !
Tu m'entendras peut-être, humble dans mon ennui,
460 Gémir du même orgueil que j'admire aujourd'hui.
Hippolyte aimerait ? Par quel bonheur extrême
Aurais-je pu fléchir...

ISMÈNE

                    Vous l'entendrez lui-même :
Il vient à vous.

Scène 2

HIPPOLYTE, ARICIE, ISMÈNE

HIPPOLYTE

                    Madame, avant que de partir,
J'ai cru de votre sort vous devoir avertir.
Mon père ne vit plus. Ma juste défiance
Présageait les raisons de sa trop longue absence :
La mort seule bornant ses travaux éclatants
Pouvait à l'univers le cacher si longtemps.

Les dieux livrent enfin à la Parque homicide
470 L'ami, le compagnon, le successeur d'Alcide.
Je crois que votre haine, épargnant ses vertus,
Écoute sans regret ces noms qui lui sont dus.
Un espoir adoucit ma tristesse mortelle :
Je puis vous affranchir d'une austère tutelle.
Je révoque des lois dont j'ai plaint la rigueur.
Vous pouvez disposer de vous, de votre cœur,
Et dans cette Trézène, aujourd'hui mon partage,
De mon aïeul Pitthée autrefois l'héritage[1],
Qui m'a sans balancer reconnu pour son roi,
480 Je vous laisse aussi libre et plus libre que moi.

ARICIE

Modérez des bontés dont l'excès m'embarrasse.
D'un soin si généreux honorer ma disgrâce,
Seigneur, c'est me ranger, plus que vous ne pensez,
Sous ces austères lois dont vous me dispensez.

HIPPOLYTE

Du choix d'un successeur Athènes incertaine,
Parle de vous, me nomme, et le fils de la reine[2].

ARICIE

De moi, Seigneur ?

HIPPOLYTE

              Je sais, sans vouloir me flatter,
Qu'une superbe loi semble me rejeter :
La Grèce me reproche une mère étrangère.
490 Mais si pour concurrent je n'avais que mon frère,
Madame, j'ai sur lui de véritables droits
Que je saurais sauver du caprice des lois.
Un frein plus légitime arrête mon audace :
Je vous cède, ou plutôt je vous rends une place,
Un sceptre que jadis vos aïeux ont reçu
De ce fameux mortel que la terre a conçu[3].
L'adoption le mit entre les mains d'Égée.
Athènes, par mon père accrue et protégée,

Reconnut avec joie un roi si généreux,
500 Et laissa dans l'oubli vos frères malheureux.
Athènes dans ses murs maintenant vous rappelle.
Assez elle a gémi d'une longue querelle,
Assez dans ses sillons votre sang englouti
A fait fumer le champ dont il était sorti.
Trézène m'obéit. Les campagnes de Crète
Offrent au fils de Phèdre une riche retraite.
L'Attique est votre bien. Je pars, et vais pour vous
Réunir tous les vœux partagés entre nous.

ARICIE

De tout ce que j'entends étonnée et confuse,
510 Je crains presque, je crains qu'un songe ne m'abuse.
Veillé-je ? Puis-je croire un semblable dessein ?
Quel dieu, Seigneur, quel dieu l'a mis dans votre sein ?
Qu'à bon droit votre gloire en tous lieux est semée !
Et que la vérité passe la renommée !
Vous-même, en ma faveur, vous voulez vous trahir !
N'était-ce pas assez de ne me point haïr ?
Et d'avoir si longtemps pu défendre votre âme
De cette inimitié...

HIPPOLYTE

Moi, vous haïr, Madame ?
Avec quelques couleurs qu'on ait peint ma fierté,
520 Croit-on que dans ses flancs un monstre m'ait porté ?
Quelles sauvages mœurs, quelle haine endurcie
Pourrait, en vous voyant, n'être point adoucie ?
Ai-je pu résister au charme décevant[1]...

ARICIE

Quoi, Seigneur ?

HIPPOLYTE

Je me suis engagé trop avant.
Je vois que la raison cède à la violence.
Puisque j'ai commencé de rompre le silence,
Madame, il faut poursuivre, il faut vous informer

D'un secret que mon cœur ne peut plus renfermer.
   Vous voyez devant vous un prince déplorable,
530 D'un téméraire orgueil exemple mémorable.
   Moi qui contre l'amour fièrement révolté,
   Aux fers de ses captifs ai longtemps insulté[1],
   Qui des faibles mortels déplorant les naufrages,
   Pensais toujours du bord contempler les orages[2],
   Asservi maintenant sous la commune loi,
   Par quel trouble me vois-je emporté loin de moi ?
   Un moment a vaincu mon audace imprudente ;
   Cette âme si superbe est enfin dépendante.
   Depuis près de six mois, honteux, désespéré,
540 Portant partout le trait dont je suis déchiré[3],
   Contre vous, contre moi, vainement je m'éprouve :
   Présente, je vous fuis, absente, je vous trouve ;
   Dans le fond des forêts votre image me suit ;
   La lumière du jour, les ombres de la nuit,
   Tout retrace à mes yeux les charmes que j'évite ;
   Tout vous livre à l'envi le rebelle Hippolyte.
   Moi-même, pour tout fruit de mes soins superflus,
   Maintenant je me cherche et ne me trouve plus.
   Mon arc, mes javelots, mon char, tout m'importune ;
550 Je ne me souviens plus des leçons de Neptune ;
   Mes seuls gémissements font retentir les bois,
   Et mes coursiers oisifs ont oublié ma voix.
      Peut-être le récit d'un amour si sauvage
   Vous fait en m'écoutant rougir de votre ouvrage.
   D'un cœur qui s'offre à vous quel farouche entretien !
   Quel étrange captif pour un si beau lien !
   Mais l'offrande à vos yeux en doit être plus chère.
   Songez que je vous parle une langue étrangère[4],
   Et ne rejetez pas des vœux mal exprimés
560 Qu'Hippolyte sans vous n'aurait jamais formés.

Scène 3

HIPPOLYTE, ARICIE, THÉRAMÈNE, ISMÈNE

THÉRAMÈNE
  Seigneur, la reine vient, et je l'ai devancée.
  Elle vous cherche.

HIPPOLYTE
                                  Moi ?

THÉRAMÈNE
                                        J'ignore sa pensée.
  Mais on vous est venu demander de sa part.
  Phèdre veut vous parler avant votre départ.

HIPPOLYTE
  Phèdre ? Que lui dirai-je ? Et que peut-elle attendre...

ARICIE
  Seigneur, vous ne pouvez refuser de l'entendre.
  Quoique trop convaincu de son inimitié,
  Vous devez à ses pleurs quelque ombre de pitié.

HIPPOLYTE
  Cependant vous sortez, et je pars, et j'ignore
570 Si je n'offense point les charmes que j'adore.
  J'ignore si ce cœur que je laisse en vos mains...

ARICIE
  Partez, Prince, et suivez vos généreux desseins :
  Rendez de mon pouvoir Athènes tributaire,
  J'accepte tous les dons que vous me voulez faire ;
  Mais cet empire enfin si grand, si glorieux,
  N'est pas de vos présents le plus cher à mes yeux.

Scène 4
HIPPOLYTE, THÉRAMÈNE

HIPPOLYTE
Ami, tout est-il prêt ? Mais la reine s'avance.
Va, que pour le départ tout s'arme en diligence.
Fais donner le signal, cours, ordonne, et revien[1]
580 Me délivrer bientôt d'un fâcheux entretien.

Scène 5
PHÈDRE, HIPPOLYTE, ŒNONE

PHÈDRE, *à Œnone.*
Le voici. Vers mon cœur tout mon sang se retire.
J'oublie, en le voyant, ce que je viens lui dire.

ŒNONE
Souvenez-vous d'un fils qui n'espère qu'en vous.

PHÈDRE
On dit qu'un prompt départ vous éloigne de nous,
Seigneur. A vos douleurs je viens joindre mes larmes ;
Je vous viens pour un fils expliquer mes alarmes.
Mon fils n'a plus de père, et le jour n'est pas loin
Qui de ma mort encor doit le rendre témoin.
Déjà mille ennemis attaquent son enfance ;
590 Vous seul pouvez contre eux embrasser sa défense.
Mais un secret remords agite mes esprits :
Je crains d'avoir fermé votre oreille à ses cris ;
Je tremble que sur lui votre juste colère
Ne poursuive bientôt une odieuse mère.

HIPPOLYTE

Madame, je n'ai point des sentiments si bas.

PHÈDRE

Quand vous me haïriez, je ne m'en plaindrais pas,
Seigneur. Vous m'avez vue attachée à vous nuire ;
Dans le fond de mon cœur vous ne pouviez pas lire.
A votre inimitié j'ai pris soin de m'offrir ;
600 Aux bords que j'habitais je n'ai pu vous souffrir ;
En public, en secret, contre vous déclarée,
J'ai voulu par des mers en être séparée ;
J'ai même défendu, par une expresse loi,
Qu'on osât prononcer votre nom devant moi.
Si pourtant à l'offense on mesure la peine,
Si la haine peut seule attirer votre haine,
Jamais femme ne fut plus digne de pitié,
Et moins digne, Seigneur, de votre inimitié.

HIPPOLYTE

Des droits de ses enfants une mère jalouse
610 Pardonne rarement au fils d'une autre épouse,
Madame, je le sais. Les soupçons importuns
Sont d'un second hymen les fruits les plus communs.
Tout autre aurait pour moi pris les mêmes ombrages,
Et j'en aurais peut-être essuyé plus d'outrages.

PHÈDRE

Ah ! Seigneur, que le ciel, j'ose ici l'attester,
De cette loi commune a voulu m'excepter !
Qu'un soin bien différent me trouble et me dévore !

HIPPOLYTE

Madame, il n'est pas temps de vous troubler encore.
Peut-être votre époux voit encore le jour ;
620 Le ciel peut à nos pleurs accorder son retour.
Neptune le protège, et ce dieu tutélaire
Ne sera pas en vain imploré par mon père !

Maria Casarès (Phèdre) et Michel Piccoli (Hippolyte).
T.N.P., 1958.

PHÈDRE

On ne voit point deux fois le rivage des morts,
Seigneur. Puisque Thésée a vu les sombres bords,
En vain vous espérez qu'un dieu vous le renvoie,
Et l'avare Achéron ne lâche point sa proie.
Que dis-je ? Il n'est point mort, puisqu'il respire en
                                          [vous.
Toujours devant mes yeux je crois voir mon époux.
Je le vois, je lui parle, et mon cœur... je m'égare,
630 Seigneur ; ma folle ardeur malgré moi se déclare.

HIPPOLYTE

Je vois de votre amour l'effet prodigieux.
Tout mort qu'il est, Thésée est présent à vos yeux,
Toujours de son amour votre âme est embrasée.

PHÈDRE

Oui, Prince, je languis, je brûle pour Thésée.
Je l'aime, non point tel que l'ont vu les enfers[1],
Volage adorateur de mille objets divers,
Qui va du dieu des morts déshonorer la couche,
Mais fidèle, mais fier, et même un peu farouche,
Charmant, jeune, traînant tous les cœurs après soi,
640 Tel qu'on dépeint nos dieux, ou tel que je vous voi.
Il avait votre port, vos yeux, votre langage,
Cette noble pudeur colorait son visage,
Lorsque de notre Crète il traversa les flots,
Digne sujet des vœux des filles de Minos.
Que faisiez-vous alors ? Pourquoi, sans Hippolyte,
Des héros de la Grèce assembla-t-il l'élite ?
Pourquoi, trop jeune encor, ne pûtes-vous alors
Entrer dans le vaisseau qui le mit sur nos bords ?
Par vous aurait péri le monstre de la Crète,
650 Malgré tous les détours de sa vaste retraite.
Pour en développer l'embarras incertain,
Ma sœur du fil fatal eût armé votre main.
Mais non, dans ce dessein je l'aurais devancée.

L'amour m'en eût d'abord inspiré la pensée.
C'est moi, Prince, c'est moi, dont l'utile secours
Vous eût du Labyrinthe enseigné les détours.
Que de soins m'eût coûtés cette tête charmante !
Un fil n'eût point assez rassuré votre amante :
Compagne du péril qu'il vous fallait chercher,
660 Moi-même devant vous j'aurais voulu marcher,
Et Phèdre au labyrinthe avec vous descendue
Se serait avec vous retrouvée ou perdue.

HIPPOLYTE

Dieux ! qu'est-ce que j'entends ? Madame, oubliez-
[vous
Que Thésée est mon père, et qu'il est votre époux ?

PHÈDRE

Et sur quoi jugez-vous que j'en perds la mémoire,
Prince ? Aurais-je perdu tout le soin de ma gloire ?

HIPPOLYTE

Madame, pardonnez. J'avoue, en rougissant,
Que j'accusais à tort un discours innocent.
Ma honte ne peut plus soutenir votre vue,
670 Et je vais...

PHÈDRE

                Ah ! cruel, tu m'as trop entendue !
Je t'en ai dit assez pour te tirer d'erreur.
Eh bien ! connais donc Phèdre et toute sa fureur.
J'aime. Ne pense pas qu'au moment que je t'aime,
Innocente à mes yeux, je m'approuve moi-même,
Ni que du fol amour qui trouble ma raison,
Ma lâche complaisance ait nourri le poison.
Objet infortuné des vengeances célestes,
Je m'abhorre encor plus que tu ne me détestes.
Les dieux m'en sont témoins, ces dieux qui dans mon
680 Ont allumé le feu fatal à tout mon sang ;   [flanc
Ces dieux qui se sont fait une gloire cruelle
De séduire le cœur d'une faible mortelle.

Toi-même en ton esprit rappelle le passé.
C'est peu de t'avoir fui, cruel, je t'ai chassé :
J'ai voulu te paraître odieuse, inhumaine,
Pour mieux te résister, j'ai recherché ta haine.
De quoi m'ont profité mes inutiles soins ?
Tu me haïssais plus, je ne t'aimais pas moins.
Tes malheurs te prêtaient encor de nouveaux
                               [charmes.
690 J'ai langui, j'ai séché, dans les feux, dans les larmes.
Il suffit de tes yeux pour t'en persuader,
Si tes yeux un moment pouvaient me regarder.
Que dis-je ? Cet aveu que je viens de faire,
Cet aveu si honteux, le crois-tu volontaire ?
Tremblante pour un fils que je n'osais trahir,
Je te venais prier de ne le point haïr.
Faibles projets d'un cœur trop plein de ce qu'il aime !
Hélas ! je ne t'ai pu parler que de toi-même !
Venge-toi, punis-moi d'un odieux amour ;
700 Digne fils du héros qui t'a donné le jour,
Délivre l'univers d'un monstre qui t'irrite.
La veuve de Thésée ose aimer Hippolyte !
Crois-moi, ce monstre affreux ne doit point t'échapper.
Voilà mon cœur : c'est là que ta main doit frapper.
Impatient déjà d'expier son offense,
Au-devant de ton bras je le sens qui s'avance.
Frappe. Ou si tu le crois indigne de tes coups,
Si ta haine m'envie un supplice si doux,
Ou si d'un sang trop vil ta main serait trempée,
710 Au défaut de ton bras prête-moi ton épée[1].
Donne.

ŒNONE

        Que faites-vous, Madame ? Justes dieux !
Mais on vient. Évitez des témoins odieux ;
Venez, rentrez, fuyez une honte certaine.

Scène 6
HIPPOLYTE, THÉRAMÈNE

THÉRAMÈNE

    Est-ce Phèdre qui fuit, ou plutôt qu'on entraîne ?
    Pourquoi, Seigneur, pourquoi ces marques de dou-
    Je vous vois sans épée, interdit, sans couleur ?   [leur ?

HIPPOLYTE

    Théramène, fuyons. Ma surprise est extrême.
    Je ne puis sans horreur me regarder moi-même.
    Phèdre... Mais non, grands dieux ! qu'en un profond
720 Cet horrible secret demeure enseveli.   [oubli

THÉRAMÈNE

    Si vous voulez partir, la voile est préparée.
    Mais Athènes, Seigneur, s'est déjà déclarée ;
    Ses chefs ont pris les voix de toutes ses tribus[1] :
    Votre frère l'emporte, et Phèdre a le dessus.

HIPPOLYTE

    Phèdre ?

THÉRAMÈNE

           Un héraut chargé des volontés d'Athènes
    De l'État en ses mains vient remettre les rênes.
    Son fils est roi, Seigneur.

HIPPOLYTE

                 Dieux, qui la connaissez,
    Est-ce donc sa vertu que vous récompensez ?

THÉRAMÈNE

    Cependant un bruit sourd veut que le roi respire.
730 On prétend que Thésée a paru dans l'Épire.
    Mais moi, qui l'y cherchai, Seigneur, je sais trop
                     [bien...

HIPPOLYTE
>   N'importe, écoutons tout et ne négligeons rien.
>   Examinons ce bruit, remontons à sa source ;
>   S'il ne mérite pas d'interrompre ma course,
>   Partons ; et quelque prix qu'il en puisse coûter,
>   Mettons le sceptre aux mains dignes de le porter.

Acte III

Scène 1
PHÈDRE, ŒNONE

PHÈDRE

Ah ! que l'on porte ailleurs les honneurs qu'on
                                        [m'envoie.
Importune, peux-tu souhaiter qu'on me voie ?
De quoi viens-tu flatter mon esprit désolé ?
740 Cache-moi bien plutôt ; je n'ai que trop parlé.
Mes fureurs au dehors ont osé se répandre :
J'ai dit ce que jamais on ne devait entendre.
Ciel ! comme il m'écoutait ! Par combien de détours
L'insensible a longtemps éludé mes discours !
Comme il ne respirait qu'une retraite prompte !
Et combien sa rougeur a redoublé ma honte !
Pourquoi détournais-tu mon funeste dessein ?
Hélas ! quand son épée allait chercher mon sein,
A-t-il pâli pour moi ? me l'a-t-il arrachée ?
750 Il suffit que ma main l'ait une fois touchée,
Je l'ai rendue horrible à ses yeux inhumains,
Et ce fer malheureux profanerait ses mains.

ŒNONE

Ainsi, dans vos malheurs, ne songeant qu'à vous
                                        [plaindre,
Vous nourrissez un feu qu'il vous faudrait éteindre.

Ne vaudrait-il pas mieux, digne sang de Minos,
Dans de plus nobles soins chercher votre repos,
Contre un ingrat qui plaît recourir à la fuite,
Régner, et de l'État embrasser la conduite ?

PHÈDRE

Moi, régner ? Moi, ranger un État sous ma loi,
760 Quand ma faible raison ne règne plus sur moi ?
Lorsque j'ai de mes sens abandonné l'empire ?
Quand sous un joug honteux à peine je respire ?
Quand je me meurs ?

ŒNONE

Fuyez.

PHÈDRE

Je ne le puis quitter.

ŒNONE

Vous l'osâtes bannir, vous n'osez l'éviter ?

PHÈDRE

Il n'est plus temps. Il sait mes ardeurs insensées.
De l'austère pudeur les bornes sont passées.
J'ai déclaré ma honte aux yeux de mon vainqueur,
Et l'espoir malgré moi s'est glissé dans mon cœur.
Toi-même rappelant ma force défaillante,
770 Et mon âme déjà sur mes lèvres errante,
Par tes conseils flatteurs tu m'as su ranimer ;
Tu m'as fait entrevoir que je pouvais l'aimer.

ŒNONE

Hélas ! de vos malheurs innocente ou coupable,
De quoi pour vous sauver n'étais-je point capable ?
Mais si jamais l'offense irrita vos esprits,
Pouvez-vous d'un superbe oublier les mépris ?
Avec quels yeux cruels sa rigueur obstinée
Vous laissait à ses pieds peu s'en faut prosternée !
Que son farouche orgueil le rendait odieux !
780 Que Phèdre en ce moment n'avait-elle mes yeux !

PHÈDRE

Œnone, il peut quitter cet orgueil qui te blesse.
Nourri dans les forêts, il en a la rudesse.
Hippolyte, endurci par de sauvages lois,
Entend parler d'amour pour la première fois ;
Peut-être sa surprise a causé son silence,
Et nos plaintes peut-être ont trop de violence.

ŒNONE

Songez qu'une barbare en son sein l'a formé.

PHÈDRE

Quoique Scythe et barbare, elle a pourtant aimé.

ŒNONE

Il a pour tout le sexe[1] une haine fatale.

PHÈDRE

790 Je ne me verrai point préférer de rivale.
Enfin, tous ces conseils ne sont plus de saison :
Sers ma fureur, Œnone, et non point ma raison.
Il oppose à l'amour un cœur inaccessible ;
Cherchons pour l'attaquer quelque endroit plus sensible.
Les charmes d'un empire ont paru le toucher ;
Athènes l'attirait, il n'a pu s'en cacher ;
Déjà de ses vaisseaux la pointe était tournée,
Et la voile flottait aux vents abandonnée,
Va trouver de ma part ce jeune ambitieux,
800 Œnone ; fais briller la couronne à ses yeux.
Qu'il mette sur son front le sacré diadème ;
Je ne veux que l'honneur de l'attacher moi-même.
Cédons-lui ce pouvoir que je ne puis garder.
Il instruira mon fils dans l'art de commander,
Peut-être il voudra bien lui tenir lieu de père.
Je mets sous son pouvoir et le fils et la mère.
Pour le fléchir enfin tente tous les moyens :
Tes discours trouveront plus d'accès que les miens ;
Presse, pleure, gémis, plains-lui Phèdre mourante[2],
810 Ne rougis point de prendre une voix suppliante.

Je t'avouerai de tout ; je n'espère qu'en toi.
Va : j'attends ton retour pour disposer de moi.

Scène 2
PHÈDRE, *seule.*

Ô toi, qui vois la honte où je suis descendue,
Implacable Vénus, suis-je assez confondue ?
Tu ne saurais plus loin pousser ta cruauté,
Ton triomphe est parfait, tous tes traits ont porté.
Cruelle, si tu veux une gloire nouvelle,
Attaque un ennemi qui te soit plus rebelle.
Hippolyte te fuit, et bravant ton courroux
820 Jamais à tes autels n'a fléchi les genoux.
Ton nom semble offenser ses superbes oreilles.
Déesse, venge-toi ; nos causes sont pareilles.
Qu'il aime... Mais déjà tu reviens sur tes pas,
Œnone ? On me déteste, on ne t'écoute pas ?

Scène 3
PHÈDRE, ŒNONE

ŒNONE

Il faut d'un vain amour étouffer la pensée,
Madame. Rappelez votre vertu passée :
Le roi, qu'on a cru mort, va paraître à vos yeux ;
Thésée est arrivé, Thésée est en ces lieux.
Le peuple pour le voir court et se précipite.
830 Je sortais par votre ordre, et cherchais Hippolyte,
Lorsque jusques au ciel mille cris élancés...

PHÈDRE

Mon époux est vivant, Œnone, c'est assez.
J'ai fait l'indigne aveu d'un amour qui l'outrage ;
Il vit ; je ne veux pas en savoir davantage.

ŒNONE

Quoi ?

PHÈDRE

Je te l'ai prédit, mais tu n'as pas voulu.
Sur mes justes remords tes pleurs ont prévalu.
Je mourais ce matin digne d'être pleurée ;
J'ai suivi tes conseils, je meurs déshonorée.

ŒNONE

Vous mourez ?

PHÈDRE

Juste ciel ! qu'ai-je fait aujourd'hui ?
840 Mon époux va paraître, et son fils avec lui.
Je verrai le témoin de ma flamme adultère
Observer de quel front j'ose aborder son père,
Le cœur gros de soupirs qu'il n'a point écoutés,
L'œil humide de pleurs par l'ingrat rebutés.
Penses-tu que sensible à l'honneur de Thésée
Il lui cache l'ardeur dont je suis embrasée ?
Laissera-t-il trahir et son père et son roi ?
Pourra-t-il contenir l'horreur qu'il a pour moi ?
Il se tairait en vain. Je sais mes perfidies,
850 Œnone, et ne suis point de ces femmes hardies
Qui goûtant dans le crime une tranquille paix,
Ont su se faire un front qui ne rougit jamais.
Je connais mes fureurs, je les rappelle toutes.
Il me semble déjà que ces murs, que ces voûtes
Vont prendre la parole, et prêts à m'accuser,
Attendent mon époux pour le désabuser.
Mourons. De tant d'horreurs qu'un trépas me délivre.
Est-ce un malheur si grand que de cesser de vivre ?
La mort aux malheureux ne cause point d'effroi ;

860 Je ne crains que le nom que je laisse après moi.
Pour mes tristes enfants quel affreux héritage !
Le sang de Jupiter doit enfler leur courage[1] ;
Mais, quelque juste orgueil qu'inspire un sang si beau,
Le crime d'une mère est un pesant fardeau.
Je tremble qu'un discours, hélas ! trop véritable,
Un jour ne leur reproche une mère coupable.
Je tremble qu'opprimés de ce poids odieux
L'un ni l'autre jamais n'osent lever les yeux.

ŒNONE

Il n'en faut point douter, je les plains l'un et l'autre ;
870 Jamais crainte ne fut plus juste que la vôtre.
Mais à de tels affronts pourquoi les exposer ?
Pourquoi contre vous-même allez-vous déposer ?
C'en est fait : on dira que Phèdre, trop coupable,
De son époux trahi fuit l'aspect redoutable.
Hippolyte est heureux qu'aux dépens de vos jours
Vous-même en expirant appuyez ses discours.
A votre accusateur que pourrai-je répondre ?
Je serai devant lui trop facile à confondre.
De son triomphe affreux je le verrai jouir,
880 Et conter votre honte à qui voudra l'ouïr.
Ah ! que plutôt du ciel la flamme me dévore !
Mais, ne me trompez point, vous est-il cher encore ?
De quel œil voyez-vous ce prince audacieux ?

PHÈDRE

Je le vois comme un monstre effroyable à mes yeux.

ŒNONE

Pourquoi donc lui céder une victoire entière ?
Vous le craignez... Osez l'accuser la première
Du crime dont il peut vous charger aujourd'hui.
Qui vous démentira ? Tout parle contre lui :
Son épée en vos mains heureusement laissée,
890 Votre trouble présent, votre douleur passée,
Son père par vos cris dès longtemps prévenu,

Et déjà son exil par vous-même obtenu.

PHÈDRE

Moi, que j'ose opprimer et noircir l'innocence !

ŒNONE

Mon zèle n'a besoin que de votre silence.
Tremblante comme vous, j'en sens quelques remords ;
Vous me verriez plus prompte affronter mille morts.
Mais puisque je vous perds sans ce triste remède,
Votre vie est pour moi d'un prix à qui tout cède.
Je parlerai. Thésée, aigri par mes avis,
900 Bornera sa vengeance à l'exil de son fils.
Un père, en punissant, Madame, est toujours père,
Un supplice léger suffit à sa colère.
Mais le sang innocent dût-il être versé,
Que ne demande point votre honneur menacé ?
C'est un trésor trop cher pour oser le commettre.
Quelque loi qu'il vous dicte, il faut vous y soumettre,
Madame, et pour sauver votre honneur combattu,
Il faut immoler tout, et même la vertu.
On vient ; je vois Thésée

PHÈDRE

               Ah ! je vois Hippolyte ;
910 Dans ses yeux insolents, je vois ma perte écrite.
Fais ce que tu voudras, je m'abandonne à toi.
Dans le trouble où je suis, je ne puis rien pour moi.

Scène 4

THÉSÉE, PHÈDRE, HIPPOLYTE,
THÉRAMÈNE, ŒNONE

THÉSÉE

La fortune à mes yeux cesse d'être opposée,
Madame, et dans vos bras met...

PHÈDRE
                                         Arrêtez, Thésée,
Et ne profanez point des transports si charmants :
Je ne mérite plus ces doux empressements ;
Vous êtes offensé. La fortune jalouse
N'a pas en votre absence épargné votre épouse.
Indigne de vous plaire et de vous approcher,
920 Je ne dois désormais songer qu'à me cacher.

Scène 5

THÉSÉE, HIPPOLYTE, THÉRAMÈNE

THÉSÉE
Quel est l'étrange accueil qu'on fait à votre père,
Mon fils ?

HIPPOLYTE
                Phèdre peut seule expliquer ce mystère.
Mais si mes vœux ardents vous peuvent émouvoir,
Permettez-moi, Seigneur, de ne la plus revoir ;
Souffrez que pour jamais le tremblant Hippolyte
Disparaisse des lieux que votre épouse habite.

THÉSÉE
Vous, mon fils, me quitter ?

HIPPOLYTE
                                  Je ne la cherchais pas ;
C'est vous qui sur ces bords conduisîtes ses pas.
Vous daignâtes, Seigneur, aux rives de Trézène
930 Confier en partant Aricie et la reine ;
Je fus même chargé du soin de les garder.
Mais quels soins désormais peuvent me retarder ?
Assez dans les forêts mon oisive jeunesse
Sur de vils ennemis a montré son adresse.

Ne pourrai-je, en fuyant un indigne repos,
D'un sang plus glorieux teindre mes javelots ?
Vous n'aviez pas encore atteint l'âge où je touche,
Déjà plus d'un tyran, plus d'un monstre farouche,
Avait de votre bras senti la pesanteur ;
940 Déjà, de l'insolence heureux persécuteur,
Vous aviez des deux mers[1] assuré les rivages.
Le libre voyageur ne craignait plus d'outrages ;
Hercule, respirant sur le bruit de vos coups,
Déjà de son travail se reposait sur vous.
Et moi, fils inconnu d'un si glorieux père,
Je suis même encor loin des traces de ma mère.
Souffrez que mon courage ose enfin s'occuper ;
Souffrez, si quelque monstre a pu vous échapper,
Que j'apporte à vos pieds sa dépouille honorable,
950 Ou que d'un beau trépas la mémoire durable,
Éternisant des jours si noblement finis,
Prouve à tout l'avenir que j'étais votre fils.

THÉSÉE

Que vois-je ? Quelle horreur dans ces lieux répandue
Fait fuir devant mes yeux ma famille éperdue ?
Si je reviens si craint et si peu désiré,
Ô ciel ! de ma prison pourquoi m'as-tu tiré ?
Je n'avais qu'un ami ; son imprudente flamme
Du tyran de l'Épire allait ravir la femme ;
Je servais à regret ses desseins amoureux ;
960 Mais le sort irrité nous aveuglait tous deux.
Le tyran m'a surpris sans défense et sans armes.
J'ai vu Pirithoüs, triste objet de mes larmes,
Livré par ce barbare à des monstres cruels[2]
Qu'il nourrissait du sang des malheureux mortels.
Moi-même, il m'enferma dans des cavernes sombres,
Lieux profonds et voisins de l'empire des ombres[3].
Les dieux, après six mois, enfin, m'ont regardé :
J'ai su tromper les yeux de qui[4] j'étais gardé.

D'un perfide ennemi j'ai purgé la nature :
970 A ses monstres lui-même a servi de pâture.
Et lorsque avec transport je pense m'approcher
De tout ce que les dieux m'ont laissé de plus cher ;
Que dis-je ? quand mon âme, à soi-même rendue,
Vient se rassasier d'une si chère vue,
Je n'ai pour tout accueil que des frémissements :
Tout fuit, tout se refuse à mes embrassements ;
Et moi-même, éprouvant la terreur que j'inspire,
Je voudrais être encor dans les prisons d'Épire.
Parlez. Phèdre se plaint que je suis outragé.
980 Qui m'a trahi ? Pourquoi ne suis-je pas vengé ?
La Grèce, à qui mon bras fut tant de fois utile,
A-t-elle au criminel accordé quelque asile ?
Vous ne répondez point ! Mon fils, mon propre fils,
Est-il d'intelligence avec mes ennemis ?
Entrons. C'est trop garder un doute qui m'accable.
Connaissons à la fois le crime et le coupable.
Que Phèdre explique enfin le trouble où je la voi[1].

Scène 6

HIPPOLYTE, THÉRAMÈNE

HIPPOLYTE

Où tendait ce discours qui m'a glacé d'effroi ?
Phèdre, toujours en proie à sa fureur extrême,
990 Veut-elle s'accuser et se perdre elle-même ?
Dieux ! que dira le roi ! Quel funeste poison
L'amour a répandu sur toute sa maison !
Moi-même, plein d'un feu que sa haine réprouve,
Quel il m'a vu jadis, et quel il me retrouve !
De noirs pressentiments viennent m'épouvanter.

Mais l'innocence enfin n'a rien à redouter.
Allons, cherchons ailleurs par quelle heureuse adresse
Je pourrai de mon père émouvoir la tendresse,
Et lui dire un amour qu'il peut vouloir troubler
1000 Mais que tout son pouvoir ne saurait ébranler.

Acte IV

Scène 1
THÉSÉE, ŒNONE

THÉSÉE

Ah ! qu'est-ce que j'entends ? Un traître, un téméraire,
Préparait cet outrage à l'honneur de son père ?
Avec quelle rigueur, Destin, tu me poursuis !
Je ne sais où je vais, je ne sais où je suis.
Ô tendresse ! ô bonté trop mal récompensée !
Projets audacieux ! détestable pensée !
Pour parvenir au but de ses noires amours,
L'insolent de la force empruntait le secours !
J'ai reconnu le fer, instrument de sa rage,
1010 Ce fer dont je l'armai pour un plus noble usage.
Tous les liens du sang n'ont pu le retenir !
Et Phèdre différait à le faire punir !
Le silence de Phèdre épargnait le coupable !

ŒNONE

Phèdre épargnait plutôt un père déplorable.
Honteuse du dessein d'un amant furieux
Et du feu criminel qu'il a pris dans ses yeux,
Phèdre mourait, Seigneur, et sa main meurtrière
Éteignait de ses yeux l'innocente lumière.
J'ai vu lever le bras, j'ai couru la sauver ;
1020 Moi seule à votre amour j'ai su la conserver,
Et plaignant à la fois son trouble et vos alarmes,

J'ai servi malgré moi d'interprète à ses larmes.

THÉSÉE

Le perfide ! il n'a pu s'empêcher de pâlir ;
De crainte, en m'abordant, je l'ai vu tressaillir.
Je me suis étonné de son peu d'allégresse ;
Ses froids embrassements ont glacé ma tendresse.
Mais ce coupable amour dont il est dévoré
Dans Athènes déjà s'était-il déclaré ?

ŒNONE

Seigneur, souvenez-vous des plaintes de la reine :
1030 Un amour criminel causa toute sa haine.

THÉSÉE

Et ce feu dans Trézène a donc recommencé ?

ŒNONE

Je vous ai dit, Seigneur, tout ce qui s'est passé.
C'est trop laisser la reine à sa douleur mortelle ;
Souffrez que je vous quitte et me range auprès d'elle.

Scène 2

THÉSÉE, HIPPOLYTE

THÉSÉE

Ah ! le voici. Grands dieux ! à ce noble maintien
Quel œil ne serait pas trompé comme le mien ?
Faut-il que sur le front d'un profane adultère
Brille de la vertu le sacré caractère ?
Et ne devrait-on pas à des signes certains
1040 Reconnaître le cœur des perfides humains ?

HIPPOLYTE

Puis-je vous demander quel funeste nuage,
Seigneur, a pu troubler votre auguste visage ?

N'osez-vous confier ce secret à ma foi ?

THÉSÉE

Perfide, oses-tu bien te montrer devant moi ?
Monstre, qu'a trop longtemps épargné le tonnerre,
Reste impur des brigands dont j'ai purgé la terre,
Après que le transport d'un amour plein d'horreur
Jusqu'au lit de ton père a porté sa fureur,
Tu m'oses présenter une tête ennemie !
1050 Tu parais dans des lieux pleins de ton infamie,
Et ne vas pas chercher, sous un ciel inconnu,
Des pays où mon nom ne soit point parvenu !
Fuis, traître ! Ne viens point braver ici ma haine,
Et tenter un courroux que je retiens à peine.
C'est bien assez pour moi de l'opprobre éternel
D'avoir pu mettre au jour un fils si criminel,
Sans que ta mort encor, honteuse à ma mémoire,
De mes nobles travaux vienne souiller la gloire.
Fuis ; et si tu ne veux qu'un châtiment soudain
1060 T'ajoute aux scélérats qu'a punis cette main,
Prends garde que jamais l'astre qui nous éclaire
Ne te voie en ces lieux mettre un pied téméraire.
Fuis, dis-je ; et sans retour précipitant tes pas,
De ton horrible aspect purge tous mes États.
Et toi, Neptune, et toi, si jadis mon courage
D'infâmes assassins nettoya ton rivage,
Souviens-toi que pour prix de mes efforts heureux
Tu promis d'exaucer le premier de mes vœux.
Dans les longues rigueurs d'une prison cruelle
1070 Je n'ai point imploré ta puissance immortelle.
Avare du secours que j'attends de tes soins,
Mes vœux t'ont réservé pour de plus grands besoins :
Je t'implore aujourd'hui. Venge un malheureux père.
J'abandonne ce traître à toute ta colère ;
Étouffe dans son sang ses désirs effrontés :
Thésée à tes fureurs connaîtra tes bontés.

HIPPOLYTE

D'un amour criminel Phèdre accuse Hippolyte !
Un tel excès d'horreur rend mon âme interdite ;
Tant de coups imprévus m'accablent à la fois
1080 Qu'ils m'ôtent la parole et m'étouffent la voix.

THÉSÉE

Traître, tu prétendais qu'en un lâche silence
Phèdre ensevelirait ta brutale insolence.
Il fallait, en fuyant, ne pas abandonner
Le fer qui dans ses mains aide à te condamner ;
Ou plutôt il fallait, comblant ta perfidie,
Lui ravir tout d'un coup la parole et la vie.

HIPPOLYTE

D'un mensonge si noir justement irrité,
Je devrais faire ici parler la vérité,
Seigneur ; mais je supprime un secret qui vous touche.
1090 Approuvez le respect qui me ferme la bouche,
Et sans vouloir vous-même augmenter vos ennuis,
Examinez ma vie, et songez qui je suis.
Quelques crimes toujours précèdent les grands crimes.
Quiconque a pu franchir les bornes légitimes
Peut violer enfin les droits les plus sacrés ;
Ainsi que la vertu, le crime a ses degrés,
Et jamais on n'a vu la timide innocence
Passer subitement à l'extrême licence.
Un jour seul ne fait point d'un mortel vertueux
1100 Un perfide assassin, un lâche incestueux.
Élevé dans le sein d'une chaste héroïne,
Je n'ai point de son sang démenti l'origine.
Pitthée, estimé sage entre tous les humains,
Daigna m'instruire encore au sortir de ses mains.
Je ne veux point me peindre avec trop d'avantage ;
Mais si quelque vertu m'est tombée en partage,
Seigneur, je crois surtout avoir fait éclater

La haine des forfaits qu'on ose m'imputer.
C'est par là qu'Hippolyte est connu dans la Grèce.
1110 J'ai poussé la vertu jusques à la rudesse.
On sait de mes chagrins l'inflexible rigueur.
Le jour n'est pas plus pur que le fond de mon cœur.
Et l'on veut qu'Hippolyte épris d'un feu profane...

THÉSÉE

Oui, c'est ce même orgueil, lâche, qui te condamne.
Je vois de tes froideurs le principe odieux :
Phèdre seule charmait tes impudiques yeux,
Et pour tout autre objet ton âme indifférente
Dédaignait de brûler d'une flamme innocente.

HIPPOLYTE

Non, mon père, ce cœur, c'est trop vous le celer,
1120 N'a point d'un chaste amour dédaigné de brûler.
Je confesse à vos pieds ma véritable offense :
J'aime, j'aime, il est vrai, malgré votre défense.
Aricie à ses lois tient mes vœux asservis ;
La fille de Pallante a vaincu votre fils.
Je l'adore, et mon âme, à vos ordres rebelle,
Ne peut ni soupirer ni brûler que pour elle.

THÉSÉE

Tu l'aimes ? Ciel ! Mais non, l'artifice est grossier ;
Tu te feins criminel pour te justifier.

HIPPOLYTE

Seigneur, depuis six mois je l'évite, et je l'aime.
1130 Je venais, en tremblant, vous le dire à vous-même.
Hé quoi ! de votre erreur rien ne vous peut tirer ?
Par quel affreux serment faut-il vous rassurer ?
Que la terre, le ciel, que toute la nature...

THÉSÉE

Toujours les scélérats ont recours au parjure.
Cesse, cesse, et m'épargne un importun discours,
Si ta fausse vertu n'a point d'autre secours.

HIPPOLYTE

Elle vous paraît fausse et pleine d'artifice.
Phèdre au fond de son cœur me rend plus de justice.

THÉSÉE

Ah ! que ton impudence excite mon courroux !

HIPPOLYTE

1140 Quel temps à mon exil, quel lieu prescrivez-vous ?

THÉSÉE

Fusses-tu par delà les colonnes d'Alcide,
Je me croirais encor trop voisin d'un perfide.

HIPPOLYTE

Chargé du crime affreux dont vous me soupçonnez,
Quels amis me plaindront, quand vous m'abandonnez ?

THÉSÉE

Va chercher des amis dont l'estime funeste
Honore l'adultère, applaudisse à l'inceste,
Des traîtres, des ingrats sans honneur et sans loi,
Dignes de protéger un méchant tel que toi.

HIPPOLYTE

Vous me parlez toujours d'inceste et d'adultère.
1150 Je me tais. Cependant Phèdre sort d'une mère,
Phèdre est d'un sang, Seigneur, vous le savez trop
[bien,
De toutes ces horreurs plus rempli que le mien.

THÉSÉE

Quoi ? ta rage à mes yeux perd toute retenue ?
Pour la dernière fois, ôte-toi de ma vue.
Sors, traître ; n'attends pas qu'un père furieux
Te fasse avec opprobre arracher de ces lieux.

Scène 3

THÉSÉE, *seul.*

Misérable, tu cours à ta perte infaillible !
Neptune, par le fleuve aux dieux mêmes terrible[1],
M'a donné sa parole, et va l'exécuter.
1160 Un dieu vengeur te suit, tu ne peux l'éviter.
Je t'aimais ; et je sens que malgré ton offense,
Mes entrailles pour toi se troublent par avance.
Mais à te condamner tu m'as trop engagé.
Jamais père en effet fut-il plus outragé ?
Justes dieux, qui voyez la douleur qui m'accable,
Ai-je pu mettre au jour un enfant si coupable ?

Scène 4

THÉSÉE, PHÈDRE

PHÈDRE

Seigneur, je viens à vous, pleine d'un juste effroi.
Votre voix redoutable a passé jusqu'à moi.
Je crains qu'un prompt effet n'ait suivi la menace.
1170 S'il en est temps encor, épargnez votre race,
Respectez votre sang, j'ose vous en prier.
Sauvez-moi de l'horreur de l'entendre crier[2] ;
Ne me préparez point la douleur éternelle
De l'avoir fait répandre à la main paternelle.

THÉSÉE

Non, Madame, en mon sang ma main n'a point trempé ;
Mais l'ingrat toutefois ne m'est point échappé.
Une immortelle main de sa perte est chargée ;
Neptune me la doit, et vous serez vengée.

PHÈDRE

Neptune vous la doit ! Quoi ? vos vœux irrités...

THÉSÉE

1180 Quoi ! craignez-vous déjà qu'ils ne soient écoutés ?
Joignez-vous bien plutôt à mes vœux légitimes.
Dans toute leur noirceur retracez-moi ses crimes ;
Échauffez mes transports trop lents, trop retenus.
Tous ses crimes encor ne vous sont point connus.
Sa fureur contre vous se répand en injures ;
Votre bouche, dit-il, est pleine d'impostures ;
Il soutient qu'Aricie a son cœur, a sa foi,
Qu'il l'aime.

PHÈDRE

Quoi, Seigneur !

THÉSÉE

Il l'a dit devant moi,
Mais je sais rejeter un frivole artifice.
1190 Espérons de Neptune une prompte justice.
Je vais moi-même encor au pied de ses autels
Le presser d'accomplir ses serments immortels.

Scène 5

PHÈDRE, *seule.*

Il sort. Quelle nouvelle a frappé mon oreille ?
Quel feu mal étouffé dans mon cœur se réveille ?
Quel coup de foudre, ô ciel ! et quel funeste avis !
Je volais tout entière au secours de son fils,
Et m'arrachant des bras d'Œnone épouvantée,
Je cédais au remords dont j'étais tourmentée.
Qui sait même où m'allait porter ce repentir ?
1200 Peut-être à m'accuser j'aurais pu consentir ;

Peut-être, si la voix ne m'eût été coupée,
L'affreuse vérité me serait échappée.
Hippolyte est sensible, et ne sent rien pour moi !
Aricie a son cœur ! Aricie a sa foi !
Ah, dieux ! Lorsqu'à mes vœux l'ingrat inexorable
S'armait d'un œil si fier, d'un front si redoutable,
Je pensais qu'à l'amour son cœur toujours fermé
Fût contre tout mon sexe également armé.
Une autre cependant a fléchi son audace ;
1210 Devant ses yeux cruels une autre a trouvé grâce.
Peut-être a-t-il un cœur facile à s'attendrir ;
Je suis le seul objet qu'il ne saurait souffrir,
Et je me chargerais du soin de le défendre ?

Scène 6

PHÈDRE, ŒNONE

PHÈDRE

Chère Œnone, sais-tu ce que je viens d'apprendre ?

ŒNONE

Non ; mais je viens tremblante, à ne vous point mentir.
J'ai pâli du dessein qui vous a fait sortir ;
J'ai craint une fureur à vous-même fatale.

PHÈDRE

Œnone, qui l'eût cru ? j'avais une rivale !

ŒNONE

Comment ?

PHÈDRE

          Hippolyte aime, et je n'en puis douter.
1220 Ce farouche ennemi qu'on ne pouvait dompter,
Qu'offensait le respect, qu'importunait la plainte,
Ce tigre, que jamais je n'abordai sans crainte,

Soumis, apprivoisé, reconnaît un vainqueur ;
Aricie a trouvé le chemin de son cœur.

ŒNONE

Aricie ?

PHÈDRE

   Ah ! douleur non encore éprouvée !
A quel nouveau tourment je me suis réservée !
Tout ce que j'ai souffert, mes craintes, mes transports,
La fureur de mes feux, l'horreur de mes remords,
Et d'un cruel refus l'insupportable injure,
1230 N'était qu'un faible essai du tourment que j'endure.
Ils s'aiment ! Par quel charme ont-ils trompé mes
         [yeux ?
Comment se sont-ils vus ? depuis quand ? dans quels
         [lieux ?
Tu le savais. Pourquoi me laissais-tu séduire ?
De leur furtive ardeur ne pouvais-tu m'instruire ?
Les a-t-on vus souvent se parler, se chercher ?
Dans le fond des forêts allaient-ils se cacher ?
Hélas ! ils se voyaient avec pleine licence.
Le ciel de leurs soupirs approuvait l'innocence ;
Ils suivaient sans remords leur penchant amoureux ;
1240 Tous les jours se levaient clairs et sereins pour eux.
Et moi, triste rebut de la nature entière,
Je me cachais au jour, je fuyais la lumière.
La mort est le seul dieu que j'osais implorer.
J'attendais le moment où j'allais expirer ;
Me nourrissant de fiel, de larmes abreuvée,
Encor dans mon malheur de trop près observée,
Je n'osais dans mes pleurs me noyer à loisir.
Je goûtais en tremblant ce funeste plaisir,
Et sous un front serein déguisant mes alarmes,
1250 Il fallait bien souvent me priver de mes larmes.

ŒNONE

Quel fruit recevront-ils de leurs vaines amours ?

Annie Ducaux (Phèdre) et Jacques Toja (Hippolyte).
Mise en scène de Jean Meyer (Comédie-Française, 1959).

Ils ne se verront plus.

PHÈDRE

Ils s'aimeront toujours !
Au moment que je parle, ah ! mortelle pensée !
Ils bravent la fureur d'une amante insensée.
Malgré ce même exil qui va les écarter,
Ils font mille serments de ne se point quitter.
Non, je ne puis souffrir un bonheur qui m'outrage,
Œnone ; prends pitié de ma jalouse rage ;
Il faut perdre Aricie, il faut de mon époux
1260 Contre un sang odieux réveiller le courroux.
Qu'il ne se borne pas à des peines légères :
Le crime de la sœur passe celui des frères.
Dans mes jaloux transports je le veux implorer.
Que fais-je ? Où ma raison se va-t-elle égarer ?
Moi jalouse ! Et Thésée est celui que j'implore !
Mon époux est vivant, et moi je brûle encore !
Pour qui ? Quel est le cœur où prétendent mes
[vœux ?
Chaque mot sur mon front fait dresser mes cheveux.
Mes crimes désormais ont comblé la mesure.
1270 Je respire à la fois l'inceste et l'imposture ;
Mes homicides mains, promptes à me venger,
Dans le sang innocent brûlent de se plonger.
Misérable ! et je vis ? et je soutiens la vue
De ce sacré soleil dont je suis descendue ?
J'ai pour aïeul le père et le maître des dieux ;
Le ciel, tout l'univers est plein de mes aïeux ;
Où me cacher ? Fuyons dans la nuit infernale.
Mais que dis-je ? Mon père y tient l'urne fatale[1] ;
Le sort, dit-on, l'a mise en ses sévères mains :
1280 Minos juge aux enfers tous les pâles humains.
Ah ! combien frémira son ombre épouvantée,
Lorsqu'il verra sa fille à ses yeux présentée,
Contrainte d'avouer tant de forfaits divers,

Et des crimes peut-être inconnus aux enfers !
Que diras-tu, mon père, à ce spectacle horrible ?
Je crois voir de ta main tomber l'urne terrible,
Je crois te voir, cherchant un supplice nouveau,
Toi-même, de ton sang devenir le bourreau.
Pardonne ! Un dieu cruel a perdu ta famille :
1290 Reconnais sa vengeance aux fureurs de ta fille.
Hélas ! du crime affreux dont la honte me suit,
Jamais mon triste cœur n'a recueilli le fruit ;
Jusqu'au dernier soupir de malheurs poursuivie,
Je rends dans les tourments une pénible vie.

ŒNONE

Hé ! repoussez, Madame, une injuste terreur !
Regardez d'un autre œil une excusable erreur.
Vous aimez. On ne peut vaincre sa destinée.
Par un charme fatal vous fûtes entraînée.
Est-ce donc un prodige inouï parmi nous ?
1300 L'amour n'a-t-il encor triomphé que de vous ?
La faiblesse aux humains n'est que trop naturelle ;
Mortelle, subissez le sort d'une mortelle.
Vous vous plaignez d'un joug imposé dès longtemps :
Les dieux mêmes, les dieux, de l'Olympe habitants,
Qui d'un bruit si terrible épouvantent les crimes,
Ont brûlé quelquefois de feux illégitimes.

PHÈDRE

Qu'entends-je ? Quels conseils ose-t-on me donner ?
Ainsi donc jusqu'au bout tu veux m'empoisonner,
Malheureuse ? Voilà comme tu m'as perdue.
1310 Au jour que je fuyais c'est toi qui m'as rendue ;
Tes prières m'ont fait oublier mon devoir ;
J'évitais Hippolyte, et tu me l'as fait voir.
De quoi te chargeais-tu ? Pourquoi ta bouche impie
A-t-elle, en l'accusant, osé noircir sa vie ?
Il en mourra peut-être, et d'un père insensé
Le sacrilège[1] vœu peut-être est exaucé.

Je ne t'écoute plus. Va-t'en, monstre exécrable ;
Va, laisse-moi le soin de mon sort déplorable,
Puisse le juste ciel dignement te payer ;
1320 Et puisse ton supplice à jamais effrayer
Tous ceux qui, comme toi, par de lâches adresses,
Des princes malheureux nourrissent les faiblesses,
Les poussent au penchant où leur cœur est enclin,
Et leur osent du crime aplanir le chemin !
Détestables flatteurs[1], présent le plus funeste
Que puisse faire aux rois la colère céleste !

ŒNONE, *seule*.

Ah ! dieux ! pour la servir j'ai tout fait, tout quitté,
Et j'en reçois ce prix ? Je l'ai bien mérité.

Acte V

Scène 1

HIPPOLYTE, ARICIE, ISMÈNE

ARICIE

Quoi ! vous pouvez vous taire en ce péril extrême ?
1330 Vous laissez dans l'erreur un père qui vous aime ?
Cruel, si de mes pleurs méprisant le pouvoir,
Vous consentez sans peine à ne me plus revoir,
Partez, séparez-vous de la triste Aricie ;
Mais du moins en partant assurez votre vie,
Défendez votre honneur d'un reproche honteux,
Et forcez votre père à révoquer ses vœux.
Il en est temps encor. Pourquoi, par quel caprice,
Laissez-vous le champ libre à votre accusatrice ?
Éclaircissez Thésée.

HIPPOLYTE

Hé ! que n'ai-je point dit !
1340 Ai-je dû mettre au jour l'opprobre de son lit ?
Devais-je, en lui faisant un récit trop sincère,
D'une indigne rougeur couvrir le front d'un père ?
Vous seule avez percé ce mystère odieux.
Mon cœur pour s'épancher n'a que vous et les dieux.
Je n'ai pu vous cacher, jugez si je vous aime,
Tout ce que je voulais me cacher à moi-même.
Mais songez sous quel sceau je vous l'ai révélé.
Oubliez, s'il se peut, que je vous ai parlé,

Madame, et que jamais une bouche si pure
1350 Ne s'ouvre pour conter cette horrible aventure.
Sur l'équité des dieux osons nous confier :
Ils ont trop d'intérêt à me justifier ;
Et Phèdre, tôt ou tard de son crime punie,
N'en saurait éviter la juste ignominie.
C'est l'unique respect que j'exige de vous.
Je permets tout le reste à mon libre courroux.
Sortez de l'esclavage où vous êtes réduite ;
Osez me suivre, osez accompagner ma fuite ;
Arrachez-vous d'un lieu funeste et profané[1],
1360 Où la vertu respire un air empoisonné ;
Profitez, pour cacher votre prompte retraite,
De la confusion que ma disgrâce y jette.
Je vous puis de la fuite assurer les moyens :
Vous n'avez jusqu'ici de gardes que les miens ;
De puissants défenseurs prendront notre querelle,
Argos nous tend les bras, et Sparte nous appelle ;
A nos amis communs portons nos justes cris,
Ne souffrons pas que Phèdre, assemblant nos débris,
Du trône paternel nous chasse l'un et l'autre,
1370 Et promette à son fils ma dépouille et la vôtre.
L'occasion est belle, il la faut embrasser...
Quelle peur vous retient ? Vous semblez balancer ?
Votre seul intérêt m'inspire cette audace.
Quand je suis tout de feu, d'où vous vient cette glace ?
Sur les pas d'un banni craignez-vous de marcher ?

ARICIE

Hélas ! qu'un tel exil, Seigneur, me serait cher !
Dans quels ravissements, à votre sort liée[2],
Du reste des mortels je vivrais oubliée !
Mais n'étant point unis par un lien si doux,
1380 Me puis-je avec honneur dérober avec vous ?
Je sais que sans blesser l'honneur le plus sévère,
Je me puis affranchir des mains de votre père :

Ce n'est point m'arracher du sein de mes parents,
Et la fuite est permise à qui fuit ses tyrans.
Mais vous m'aimez, Seigneur, et ma gloire alarmée...

HIPPOLYTE

Non, non, j'ai trop de soin de votre renommée.
Un plus noble dessein m'amène devant vous :
Fuyez vos ennemis, et suivez votre époux.
Libres dans nos malheurs, puisque le ciel l'ordonne,
1390 Le don de notre foi ne dépend de personne.
L'hymen n'est point toujours entouré de flambeaux.
    Aux portes de Trézène, et parmi ces tombeaux,
Des princes de ma race antiques sépultures,
Est un temple sacré formidable aux parjures[1].
C'est là que les mortels n'osent jurer en vain :
Le perfide y reçoit un châtiment soudain ;
Et craignant d'y trouver la mort inévitable,
Le mensonge n'a point de frein plus redoutable.
Là, si vous m'en croyez, d'un amour éternel
1400 Nous irons confirmer le serment solennel ;
Nous prendrons à témoin le dieu qu'on y révère ;
Nous le prierons tous deux de nous servir de père.
Des dieux les plus sacrés j'attesterai le nom ;
Et la chaste Diane, et l'auguste Junon,
Et tous les dieux enfin, témoins de mes tendresses,
Garantiront la foi de mes saintes promesses.

ARICIE

Le roi vient. Fuyez, Prince, et partez promptement.
Pour cacher mon départ je demeure un moment.
Allez, et laissez-moi quelque fidèle guide,
1410 Qui conduise vers vous ma démarche timide.

Scène 2
THÉSÉE, ARICIE, ISMÈNE

THÉSÉE

    Dieux ! éclairez mon trouble, et daignez à mes yeux
    Montrer la vérité, que je cherche en ces lieux !

ARICIE

    Songe à tout, chère Ismène, et sois prête à la fuite.

Scène 3
THÉSÉE, ARICIE

THÉSÉE

    Vous changez de couleur, et semblez interdite,
    Madame. Que faisait Hippolyte en ce lieu ?

ARICIE

    Seigneur, il me disait un éternel adieu.

THÉSÉE

    Vos yeux ont su dompter ce rebelle courage,
    Et ses premiers soupirs sont votre heureux ouvrage.

ARICIE

    Seigneur, je ne vous puis nier la vérité :
1420 De votre injuste haine il n'a pas hérité ;
    Il ne me traitait point comme une criminelle.

THÉSÉE

    J'entends ; il vous jurait une amour éternelle.
    Ne vous assurez point sur ce cœur inconstant,
    Car à d'autres que vous il en jurait autant.

ARICIE
   Lui, Seigneur ?

THÉSÉE
                  Vous deviez le rendre moins volage :
   Comment souffriez-vous cet horrible partage ?

ARICIE
   Et comment souffrez-vous que d'horribles discours
   D'une si belle vie osent noircir le cours ?
   Avez-vous de son cœur si peu de connaissance ?
1430 Discernez-vous si mal le crime et l'innocence ?
   Faut-il qu'à vos yeux seuls un nuage odieux
   Dérobe sa vertu qui brille à tous les yeux ?
   Ah ! c'est trop le livrer à des langues perfides.
   Cessez ; repentez-vous de vos vœux homicides ;
   Craignez, Seigneur, craignez que le ciel rigoureux
   Ne vous haïsse assez pour exaucer vos vœux.
   Souvent dans sa colère il reçoit nos victimes,
   Ses présents sont souvent la peine de nos crimes.

THÉSÉE
   Non, vous voulez en vain couvrir son attentat ;
1440 Votre amour vous aveugle en faveur de l'ingrat.
   Mais j'en crois des témoins certains, irréprochables :
   J'ai vu, j'ai vu couler des larmes véritables.

ARICIE
   Prenez garde, Seigneur : vos invincibles mains
   Ont de monstres sans nombre affranchi les humains,
   Mais tout n'est pas détruit, et vous en laissez vivre
   Un... Votre fils, Seigneur, me défend de poursuivre.
   Instruite du respect qu'il veut vous conserver,
   Je l'affligerais trop si j'osais achever.
   J'imite sa pudeur, et fuis votre présence
1450 Pour n'être pas forcée à rompre le silence.

Scène 4

THÉSÉE, *seul.*

Quelle est donc sa pensée ? et que cache un discours
Commencé tant de fois, interrompu toujours ?
Veulent-ils m'éblouir par une feinte vaine ?
Sont-ils d'accord tous deux pour me mettre à la gêne ?
Mais moi-même, malgré ma sévère rigueur,
Quelle plaintive[1] voix crie au fond de mon cœur ?
Une pitié secrète et m'afflige et m'étonne.
Une seconde fois interrogeons Œnone.
Je veux de tout le crime être mieux éclairci.
1460 Gardes, qu'Œnone sorte, et vienne seule ici.

Scène 5

THÉSÉE, PANOPE

PANOPE

J'ignore le projet que la reine médite,
Seigneur, mais je crains tout du transport qui l'agite.
Un mortel désespoir sur son visage est peint,
La pâleur de la mort est déjà sur son teint.
Déjà, de sa présence, avec honte chassée,
Dans la profonde mer Œnone s'est lancée.
On ne sait point d'où part ce dessein furieux,
Et les flots pour jamais l'ont ravie à nos yeux.

THÉSÉE

Qu'entends-je ?

PANOPE
                    Son trépas n'a point calmé la reine :
1470 Le trouble semble croître en son âme incertaine.
    Quelquefois, pour flatter ses secrètes douleurs,
    Elle prend ses enfants et les baigne de pleurs ;
    Et soudain, renonçant à l'amour maternelle,
    Sa main avec horreur les repousse loin d'elle.
    Elle porte au hasard ses pas irrésolus ;
    Son œil tout égaré ne nous reconnaît plus.
    Elle a trois fois écrit, et changeant de pensée,
    Trois fois elle a rompu sa lettre commencée.
    Daignez la voir, Seigneur, daignez la secourir.

THÉSÉE
1480 Ô ciel ! Œnone est morte, et Phèdre veut mourir ?
    Qu'on rappelle mon fils, qu'il vienne se défendre ;
    Qu'il vienne me parler, je suis prêt de¹ l'entendre.
    Ne précipite point tes funestes bienfaits,
    Neptune ; j'aime mieux n'être exaucé jamais.
    J'ai peut-être trop cru des témoins peu fidèles,
    Et j'ai trop tôt vers toi levé mes mains cruelles.
    Ah ! de quel désespoir mes vœux seraient suivis !

Scène 6

THÉSÉE, THÉRAMÈNE

THÉSÉE
    Théramène, est-ce toi ? Qu'as-tu fait de mon fils ?
    Je te l'ai confié dès l'âge le plus tendre.
1490 Mais d'où naissent les pleurs que je te vois répandre ?
    Que fait mon fils ?

THÉRAMÈNE
                    Ô soins tardifs et superflus !
    Inutile tendresse ! Hippolyte n'est plus.

THÉSÉE
    Dieux !

THÉRAMÈNE
        J'ai vu des mortels périr le plus aimable,
    Et j'ose dire encor, Seigneur, le moins coupable.

THÉSÉE
    Mon fils n'est plus ? Hé quoi ! quand je lui tends les bras,
    Les dieux impatients ont hâté son trépas !
    Quel coup me l'a ravi ? quelle foudre[1] soudaine ?

THÉRAMÈNE
    A peine nous sortions des portes de Trézène,
    Il était sur son char. Ses gardes affligés
1500 Imitaient son silence, autour de lui rangés ;
    Il suivait tout pensif le chemin de Mycènes ;
    Sa main sur ses chevaux laissait flotter les rênes ;
    Ses superbes coursiers, qu'on voyait autrefois
    Pleins d'une ardeur si noble obéir à sa voix,
    L'œil morne maintenant et la tête baissée,
    Semblaient se conformer à sa triste pensée.
    Un effroyable cri, sorti du fond des flots,
    Des airs en ce moment a troublé le repos ;
    Et du sein de la terre, une voix formidable
1510 Répond en gémissant à ce cri redoutable.
    Jusqu'au fond de nos cœurs notre sang s'est glacé ;
    Des coursiers attentifs le crin s'est hérissé.
    Cependant, sur le dos de la plaine liquide,
    S'élève à gros bouillons une montagne humide ;
    L'onde approche, se brise, et vomit à nos yeux,
    Parmi des flots d'écume, un monstre furieux.
    Son front large est armé de cornes menaçantes ;
    Tout son corps est couvert d'écailles jaunissantes ;
    Indomptable taureau, dragon impétueux,
1520 Sa croupe se recourbe en replis tortueux.

Ludmila Mikaël. Mise en scène de Jacques Rosner.
Festival du Marais, 1978.

Ses longs mugissements font trembler le rivage.
Le ciel avec horreur voit ce monstre sauvage,
La terre s'en émeut, l'air en est infecté ;
Le flot qui l'apporta recule épouvanté.
Tout fuit ; et sans s'armer d'un courage inutile,
Dans le temple voisin chacun cherche un asile.
Hippolyte lui seul, digne fils d'un héros,
Arrête ses coursiers, saisit ses javelots,
Pousse au monstre, et d'un dard lancé d'une main
1530 Il lui fait dans le flanc une large blessure.   [sûre,
De rage et de douleur le monstre bondissant
Vient aux pieds des chevaux tomber en mugissant,
Se roule, et leur présente une gueule enflammée
Qui les couvre de feu, de sang et de fumée.
La frayeur les emporte, et sourds à cette fois,
Ils ne connaissent plus ni le frein[1] ni la voix ;
En efforts impuissants leur maître se consume ;
Ils rougissent le mors d'une sanglante écume.
On dit qu'on a vu même, en ce désordre affreux,
1540 Un dieu qui d'aiguillons pressait leur flanc poudreux[2].
A travers des rochers la peur les précipite.
L'essieu crie et se rompt : l'intrépide Hippolyte
Voit voler en éclats tout son char fracassé ;
Dans les rênes lui-même, il tombe embarrassé.
Excusez ma douleur. Cette image cruelle
Sera pour moi de pleurs une source éternelle.
J'ai vu, Seigneur, j'ai vu votre malheureux fils
Traîné par les chevaux que sa main a nourris.
Il veut les rappeler, et sa voix les effraie ;
1550 Ils courent ; tout son corps n'est bientôt qu'une plaie.
De nos cris douloureux la plaine retentit.
Leur fougue impétueuse enfin se ralentit ;
Ils s'arrêtent non loin de ces tombeaux antiques
Où des rois ses aïeux sont les froides reliques.
J'y cours en soupirant, et sa garde me suit.
De son généreux sang la trace nous conduit,

Les rochers en sont teints, les ronces dégouttantes
Portent de ses cheveux les dépouilles sanglantes.
J'arrive, je l'appelle, et me tendant la main,
1560 Il ouvre un œil mourant qu'il referme soudain :
« Le ciel, dit-il, m'arrache une innocente vie.
« Prends soin après ma mort de la triste Aricie.
« Cher ami, si mon père un jour désabusé
« Plaint le malheur d'un fils faussement accusé,
« Pour apaiser mon sang et mon ombre plaintive,
« Dis-lui qu'avec douceur il traite sa captive,
« Qu'il lui rende... » A ce mot, ce héros expiré
N'a laissé dans mes bras qu'un corps défiguré,
Triste objet, où des dieux triomphe la colère,
1570 Et que méconnaîtrait l'œil même de son père.

THÉSÉE

Ô mon fils ! cher espoir que je me suis ravi !
Inexorables dieux, qui m'avez trop servi !
A quels mortels regrets ma vie est réservée !

THÉRAMÈNE

La timide Aricie est alors arrivée.
Elle venait, Seigneur, fuyant votre courroux,
A la face des dieux l'accepter pour époux.
Elle approche ; elle voit l'herbe rouge et fumante ;
Elle voit (quel objet pour les yeux d'une amante !)
Hippolyte étendu, sans forme et sans couleur.
1580 Elle veut quelque temps douter de son malheur,
Et ne connaissant plus ce héros qu'elle adore,
Elle voit Hippolyte, et le demande encore.
Mais trop sûre à la fin qu'il est devant ses yeux,
Par un triste regard elle accuse les dieux,
Et froide, gémissante, et presque inanimée,
Aux pieds de son amant elle tombe pâmée.
Ismène est auprès d'elle ; Ismène, tout en pleurs,
La rappelle à la vie, ou plutôt aux douleurs.
Et moi, je suis venu, détestant la lumière,

1590 Vous dire d'un héros la volonté dernière,
Et m'acquitter, Seigneur, du malheureux emploi
Dont son cœur expirant s'est reposé sur moi.
Mais j'aperçois venir sa mortelle ennemie.

Scène dernière
THÉSÉE, PHÈDRE, THÉRAMÈNE,
PANOPE, GARDES

THÉSÉE

Eh bien ! vous triomphez, et mon fils est sans vie.
Ah ! que j'ai lieu de craindre, et qu'un cruel soupçon
L'excusant dans mon cœur, m'alarme avec raison !
Mais, Madame, il est mort, prenez votre victime :
Jouissez de sa perte, injuste ou légitime.
Je consens que mes yeux soient toujours abusés.
1600 Je le crois criminel, puisque vous l'accusez.
Son trépas à mes pleurs offre assez de matières
Sans que j'aille chercher d'odieuses lumières,
Qui ne pouvant le rendre à ma juste douleur,
Peut-être ne feraient qu'accroître mon malheur.
Laissez-moi, loin de vous, et loin de ce rivage,
De mon fils déchiré fuir la sanglante image.
Confus, persécuté d'un mortel souvenir,
De l'univers entier, je voudrais me bannir.
Tout semble s'élever contre mon injustice ;
1610 L'éclat de mon nom même augmente mon supplice.
Moins connu des mortels, je me cacherais mieux.
Je hais jusques aux soins dont m'honorent les dieux,
Et je m'en vais pleurer leurs faveurs meurtrières,
Sans plus les fatiguer d'inutiles prières.
Quoi qu'ils fissent pour moi, leur funeste bonté
Ne me saurait payer de ce qu'ils m'ont ôté.

PHÈDRE

    Non, Thésée, il faut rompre un injuste silence ;
    Il faut à votre fils rendre son innocence.
    Il n'était point coupable.

THÉSÉE

                Ah ! père infortuné !
1620 Et c'est sur votre foi que je l'ai condamné !
    Cruelle, pensez-vous être assez excusée...

PHÈDRE

    Les moments me sont chers, écoutez-moi, Thésée,
    C'est moi qui sur ce fils chaste et respectueux
    Osai jeter un œil profane, incestueux.
    Le ciel mit dans mon sein une flamme funeste ;
    La détestable Œnone a conduit tout le reste.
    Elle a craint qu'Hippolyte, instruit de ma fureur,
    Ne découvrît un feu qui lui faisait horreur.
    La perfide, abusant de ma faiblesse extrême,
1630 S'est hâtée à vos yeux de l'accuser lui-même.
    Elle s'en est punie, et fuyant mon courroux,
    A cherché dans les flots un supplice trop doux.
    Le fer aurait déjà tranché ma destinée ;
    Mais je laissais gémir la vertu soupçonnée.
    J'ai voulu, devant vous exposant mes remords,
    Par un chemin plus lent descendre chez les morts.
    J'ai pris, j'ai fait couler dans mes brûlantes veines
    Un poison que Médée apporta dans Athènes[1].
    Déjà jusqu'à mon cœur le venin parvenu
1640 Dans ce cœur expirant jette un froid inconnu,
    Déjà je ne vois plus qu'à travers un nuage
    Et le ciel et l'époux que ma présence outrage ;
    Et la mort, à mes yeux dérobant la clarté,
    Rend au jour qu'ils souillaient toute sa pureté.

PANOPE

    Elle expire, Seigneur.

THÉSÉE

                              D'une action si noire
Que ne peut avec elle expirer la mémoire !
Allons, de mon erreur, hélas ! trop éclaircis,
Mêler nos pleurs au sang de mon malheureux fils !
Allons de ce cher fils embrasser ce qui reste,
1650 Expier la fureur d'un vœu que je déteste.
Rendons-lui les honneurs qu'il a trop mérités,
Et pour mieux apaiser ses mânes irrités,
Que malgré les complots d'une injuste famille
Son amante aujourd'hui me tienne lieu de fille[1] !

Commentaires
Notes
par
Alain Viala

Commentaires

Originalité de l'œuvre

Phèdre *dans la carrière de Racine*

Lorsque *Phèdre* est représentée pour la première fois (1er janvier 1677), Racine est au sommet de sa carrière théâtrale. Depuis la création de *La Thébaïde*, douze ans plus tôt, il est devenu un fournisseur des spectacles royaux : *Andromaque, Bérénice* et *Iphigénie* ont été représentées dans le cadre de fêtes de Cour ; et, depuis 1664, il reçoit régulièrement une gratification annuelle au titre du mécénat louis-quatorzien. En 1673, il est entré à l'Académie. En 1674, Colbert lui a facilité l'achat d'une charge de trésorier de France à Moulins. Enfin, en 1676, a paru une édition collective de ses *Œuvres* qui est un couronnement symbolique de sa renommée. Succès auprès du public et réussite auprès des institutions, tant littéraires (l'Académie, le mécénat) que de gouvernement (la Cour, le ministère) : sa carrière est celle d'un écrivain de profession, reconnu et consacré.

1677, l'année du triomphe de *Phèdre*, est aussi celle où le roi charge Racine et Boileau d'être ses historiographes (11 septembre) : se voir confier le soin d'immortaliser la gloire du monarque était tenu, à l'époque, pour la plus haute dignité littéraire. Le problème est donc posé des liens entre la tragédie de *Phèdre* et cette situation de carrière. Il engage deux questions souvent débattues à propos de cette pièce, et auxquelles seule l'analyse sociologique peut répondre.

Parvenu au sommet de sa carrière, Racine affirme la valeur morale de son théâtre, et donc son utilité sociale. Il écrit dans sa *Préface* : « Les passions n'y sont présen-

tées aux yeux que pour montrer tout le désordre dont
elles sont causes [...]. C'est là proprement le but que tout
homme qui travaille pour le public doit se proposer. »
De fait, sa tragédie donne à voir des valeurs morales
entendues dans toute leur rigueur. Et, comme *Iphigénie*
avant elle, elle manifeste un retour du sacré dans la
thématique racinienne. Certains critiques ont voulu voir
dans ces préoccupations morales et religieuses l'expression de l'idéologie janséniste. Selon eux, douze ans après
avoir rompu avec Port-Royal, Racine reviendrait au
jansénisme. Une phrase de la préface semble appeler
cette thèse : Racine y affirme vouloir « réconcilier la
tragédie avec quantité de personnes célèbres par leur
piété et par leur doctrine ». La formule peut bien s'appli-
quer aux jansénistes, mais aussi bien aux dévots de tous
ordres, tous hostiles au théâtre. D'autant que les jansénistes étaient peu nombreux et que l'expression « quantité de personnes » s'applique mal à eux seuls. Que
Racine ait été influencé par ses maîtres de Port-Royal
est chose sûre : que *Phèdre* soit une « tragédie janséniste » l'est moins. Ce que souligne la préface, et que la
pièce atteste, c'est le désir chez le dramaturge en pleine
gloire de légitimer son art, que les autorités religieuses
réprouvaient. Ce faisant, il prend place dans une lignée
vivace tout au long de l'âge classique : les auteurs de
théâtre y répètent à l'envi que leurs pièces sont « épu-
rées » des mots, situations et sentiments immoraux, et
contribuent à épurer (« purger ») l'affectivité des spectateurs des pulsions coupables. Apologie pour l'art dramatique, qui est une apologétique du dramaturge. La place
faite à la morale et au sens du sacré s'inscrit dans la
logique d'une légitimation de la littérature et de l'écrivain : n'y voir qu'une application de la doctrine janséniste est une réduction abusive.

Malgré cette affirmation de l'éminente dignité du
théâtre, Racine n'écrit plus pour celui-ci après *Phèdre*.
Ce « silence » est un second problème, qui a fait couler
autant d'encre que l'interprétation janséniste de la tragédie. Certains ont estimé que *Phèdre* correspondait à une
exacerbation de l'imaginaire racinien, suivie d'un « blo-

cage ». D'autres ont pensé que le retour à la foi et au
jansénisme avait provoqué un éloignement du théâtre.
Mais il faut bien constater qu'après *Phèdre* Racine n'est
pas resté dans le silence littéraire. Il rédige ses travaux
d'historiographe, des poèmes et pièces de Cour (ainsi
l'*Idylle sur la Paix*), et participe à l'Académie des Inscriptions ; et quand le roi et Mme de Maintenon le sol-
licitent, il revient au théâtre, pour *Esther* et *Athalie*.
C'est donc son statut qui a changé : désormais écrivain
attaché à la Cour, il doit se conformer aux obligations et
images sociales que cette situation impose (avec d'autant
plus de soin qu'il est un moment soupçonné dans
l'Affaire des poisons). Et le personnage de dramaturge
de métier, profession alors propice au succès mais assez
peu estimée, convient mal à ce nouveau statut.

Ainsi *Phèdre* correspond à un sommet de la carrière
de Racine comme écrivain de théâtre, mais la carrière
de théâtre n'est pas le tout de sa trajectoire d'écrivain.
Située de la sorte, cette tragédie est une réalisation des
options esthétiques que pouvait engager en ce temps un
auteur parvenu au faîte de la gloire et de la maîtrise de
son art.

Les innovations de Racine et l'accueil du public

Ces deux questions sont indissociables : Racine a eu
de nombreux devanciers, mais aussi une concurrence
immédiate, influant directement sur les réactions du
public. Le thème avait été traité par Euripide, dans son
Hippolyte porte-couronne (428 av. J.-C.) : dans cette
pièce, le tragique grec évite toute confrontation directe
de Phèdre avec Hippolyte et même avec Thésée. Repre-
nant le sujet, la *Phèdre* de Sénèque présente au contraire
des confrontations violentes, où Phèdre elle-même
accuse son beau-fils. En 1573, Garnier avait donné une
Phèdre imitant de près celle de Sénèque. Gilbert, en
1645, puis Bidar, en 1675, composèrent des *Hippolyte*
où Phèdre n'était plus que la fiancée et non l'épouse de
Thésée, édulcorant ainsi le thème de l'inceste.

Au terme de cette abondante lignée, Racine opte pour

une position moyenne. Suivant les Anciens, il présente la passion de Phèdre comme incestueuse. Mais, pour respecter la règle de *bienséance*, il atténue ce thème. Pour cela, il met davantage que ses devanciers l'accent sur les souffrances de Phèdre : de coupable sans rémission chez les auteurs précédents, elle devient chez lui coupable malgré elle, trahie par ses paroles, et par Œnone. Jusque-là, l'essentiel du sujet résidait dans la mort imméritée d'Hippolyte ; avec lui, le tourment immérité de Phèdre prend une place aussi essentielle. Ainsi il respecte le principe de bienséance tout en approfondissant le déchirement psychologique qui fait le ressort même de son intrigue. Cette inflexion se traduit dans le titre de sa pièce : d'abord intitulée *Phèdre et Hippolyte*, elle fut éditée sous le titre de *Phèdre* seulement.

Le choix de ce titre correspondait aussi à la volonté de se distinguer d'un rival, Pradon, qui fit représenter au théâtre Guénégaud une *Phèdre et Hippolyte* deux jours après que celle de Racine eut débuté à l'Hôtel de Bourgogne. Chacun des deux auteurs avait sa cabale. Leur rivalité fit du tapage. Les amis de Pradon firent circuler un sonnet agressif contre Racine. Les amis de celui-ci ripostèrent de même, par un poème qui insultait le duc de Nevers, protecteur de Pradon. D'autres sonnets injurieux vinrent en retour. Menacés par le duc de Nevers, Racine et son ami Boileau sollicitèrent la protection de Condé. Avec tout ce remue-ménage, les deux pièces avaient un égal succès de scandale. Condé obtint que la querelle se calmât. Le public, jusque-là partagé, manifesta peu à peu sa préférence pour la pièce de Racine, pour sa structure équilibrée, son crescendo des passions, son travail subtil des effets de langage. Éditée dès le mois de mars 1677, elle connut ensuite de brillantes représentations devant la Cour. En 1680, la première représentation donnée par la Comédie-Française nouvellement créée lui fut consacrée : c'était bien le couronnement de la carrière théâtrale de Racine.

Thèmes et personnages

La structure thématique

La structure thématique de *Phèdre* est fort complexe, et d'une extrême densité. Mais elle est aussi rigoureusement ordonnée, autour de deux thèmes dominants : la *démesure* et la *fatalité*. Les autres éléments de sens se regroupent, comme autant de motifs, en constellations régies par ces deux pôles complémentaires.

La démesure est omniprésente dans l'univers humain de la pièce. Elle peut s'y manifester sous des formes atténuées. Ainsi, chez Hippolyte, l'impatience de réaliser à son tour des exploits dignes de ceux de Thésée (I, 1 et III, 5, vers 933 à 952) aussi bien qu'un amour coupable pour Aricie (coupable puisque interdit par Thésée). Chez Phèdre, la démesure se traduit dans la « fureur » (voir lexique) de l'amour incestueux et de la jalousie. Chez Thésée, elle inspire l'orgueil et la colère, trop prompte à punir, et source d'injustice. Même les personnages de confidents peuvent en être affectés : c'est le cas d'Œnone évidemment, poussée au crime par l'excès de l'attachement qu'elle porte à sa maîtresse. De la sorte, tous les thèmes liés aux sentiments d'amour et d'orgueil se constituent en motifs de cette démesure, caractéristique du héros tragique selon la poétique du genre depuis l'Antiquité. Mais cette série thématique trouve aussi des prolongements dans les références mythologiques : Thésée se lance dans des entreprises d'une audace excessive, en s'attaquant avec son ami Pirithoüs à l'honneur du tyran de l'Épire. Il avoue lui-même (v. 960) qu'il était à ce moment-là « aveuglé » par son orgueil et sa confiance en lui. Le langage donne corps à la démesure et la rend perceptible au spectateur : ainsi les lapsus qui amènent l'aveu de Phèdre (v. 650-662) ; ainsi encore les images qui expriment la colère de Thésée ou la jalousie de Phèdre, par exemple lorsqu'elle dit s'être « nourrie de fiel » (v. 1245). La démesure participe largement à la densité poétique du texte, par de tels jeux du langage.

La seconde grande constellation thématique s'ordonne autour de l'idée de fatalité. Elle se manifeste de deux façons. D'une part, les sentiments humains sont inscrits dans la logique de la surprise et du coup de foudre. Ainsi de la passion de Phèdre pour Hippolyte (v. 272-273). La fatalité est alors liée à la démesure par l'idée d'« égarement », que la passion survenant de façon soudaine provoque. Mais, d'autre part, la fatalité relève, selon les propos des personnages, d'une intervention des puissances divines. En ce cas, elle apparaît comme une explication de la démesure : Phèdre attribue ses « égarements », comme ceux de sa mère, à la « haine » et à la « fatale colère » de Vénus (v. 249). Et, alors même que les dieux semblent devoir satisfaire une demande humaine, ils provoquent en fait un résultat contraire : Thésée est victime du souhait qu'il a exprimé de voir mourir Hippolyte ; il accuse alors les « inexorables dieux » (v. 1572).

Entre les deux grandes constellations thématiques, un thème, moins abondamment représenté mais très important pour la structure de la pièce, sert d'élément connecteur : la *culpabilité*. La démesure provoque des fautes et les personnages en éprouvent un sentiment de culpabilité. Leur destin malheureux apparaît alors comme un châtiment qu'ils ont mérité. Il s'instaure de la sorte une problématique de la justice. Ironie tragique : celui qui est condamné le premier n'est pas coupable, et sa perte ne profite en rien à ses accusatrices (Œnone et Phèdre). Comme l'image de la justice est incarnée par Thésée, ce thème se trouve bouleversé à partir du retour de ce personnage : la structure thématique et la structure générale de l'action sont de ce fait en étroite correspondance (voir « Dramaturgie »).

La complexité des personnages

Dans la mesure où leurs actes relèvent de la démesure et de la fatalité, les personnages sont déterminés par leur position dans le réseau des relations voulues par ces thèmes. De plus, la façon dont Racine pouvait les représenter est déterminée aussi par la tradition mythologique. Mais, à l'inverse, dans la mesure où ils sont donnés comme conscients de leur démesure et de ses conséquences, et où ils s'efforcent d'y résister, ils apparaissent comme riches en nuances : ce qui forme leur caractérisation n'est jamais univoque.

Parmi les huit personnages de la pièce, deux ont un rôle très secondaire (Ismène et Panope). Trois personnages majeurs, en revanche, se détachent nettement.

Phèdre, héroïne éponyme, est présente dans douze scènes (la pièce en compte trente au total). Elle intervient tout au long de l'action, aussi bien dans l'exposition qu'au moment des péripéties essentielles (aveu de son amour à Hippolyte, puis accusation contre celui-ci) et enfin au dénouement. Elle est donc en position de personnage principal. Elle apparaît, d'emblée, comme un personnage souffrant, et ne connaît aucun moment de répit. Ses souffrances ont deux sources : son désir, et la conscience que ce désir est une faute. Elle essaie de remédier à l'un et à l'autre, en combattant son désir : elle s'est éloignée d'Hippolyte, elle a prié pour que son amour cesse. Mais une circonstance fortuite, et qui semble l'effet d'un hasard prenant figure de destin, la remet en présence d'Hippolyte (Thésée partant pour l'Épire la confie à la garde de celui-ci). Dès lors, Phèdre se meurt, et c'est sous cet aspect qu'elle entre en scène. Incarnant les ravages d'une passion refusée mais incontrôlée, elle a un comportement obsessionnel et présente (I, 2 et 3) des symptômes de type anorexique. Ses crimes sont dus à sa faiblesse (elle avoue sans s'en rendre compte, puis elle écoute Œnone) et sont toujours accompagnés de remords. Elle apparaît de la sorte comme toujours coupable et victime à la fois.

Face à elle, **Hippolyte** occupe une place textuelle équivalente : douze scènes lui aussi. L'emploi du jeune premier est toujours délicat à bien remplir dans une tragédie. Racine le présente ici comme un être encore « pur » et qui peut éveiller la sympathie. Mais il est partagé entre une admiration extrême pour son père (v. 65-82) et des désirs qui le poussent à lui désobéir (son amour pour Aricie). Surtout, si Hippolyte, victime principale de l'ironie tragique, ne se disculpe pas, c'est parce qu'il est tenu au silence par ce sentiment d'une désobéissance, moins grave, mais réelle. Il prend ainsi figure d'un personnage qui meurt pour n'avoir pas assez parlé et explicité, là où Phèdre, avec qui il forme contraste, meurt d'avoir trop laissé de cours à ses paroles.

Thésée est lui aussi présent dans douze scènes, ce qui établit un équilibre remarquable entre les protagonistes. Mais sa présence se concentre sur la seconde moitié de la pièce (voir « Dramaturgie »). Il apparaît comme un personnage victime de l'ignorance dans laquelle il se trouve des vrais rapports entre son fils et sa seconde épouse, et de son emportement qui le pousse à condamner sans avoir eu soin d'informer son jugement. Ce n'est donc pas le Thésée triomphant de la légende que Racine met en scène, mais un héros vieillissant, déjà sur son déclin, et qui voit se retourner contre lui cela même qui faisait sa force (son audace, et sa valeur hors du commun, symbolisée par la protection de Neptune).

Aricie, qui est pour l'essentiel une invention de Racine (même s'il s'en défend dans la préface), occupe une place moins en vue (six scènes). Elle a les traits usuels de la jeune première : fierté et sensibilité. Elle a cependant, outre cela, des traits de rébellion contre le pouvoir imposé par Thésée. Mais elle est surtout un personnage d'amoureuse (v. 449-462).

Les deux personnages de confidents sont nettement contrastés. Si **Théramène** représente la loyauté, **Œnone** représente un attachement excessif. Elle n'est d'ailleurs pas une confidente selon le modèle ordinaire de cet emploi : elle est d'abord la nourrice, liée à sa maîtresse par une affection charnelle. Aux côtés de Phèdre qui rassemble son énergie pour résister à la passion, Œnone incarne (ce que sa condition plus « basse » rend possible selon les convenances de l'époque) un esprit de compromission, qui ne respecte ni les lois ni les valeurs. A tous égards, elle constitue une figure bien plus simple que celle des protagonistes : si ces derniers peuvent susciter la pitié aussi bien que la terreur (voir « Dramaturgie »),

elle n'est, elle, qu'un objet d'horreur, une image des
« détestables flatteurs » (v. 1325) qui poussent les puissants vers des forfaits.

Le travail de l'écrivain

On sait assez peu de chose sur la rédaction de *Phèdre*.
Selon Pradon, rival de Racine, ce dernier y aurait travaillé deux ans ; mais le seul renseignement sûr est qu'en
octobre 1676 la pièce était très avancée et qu'on com-
mençait à en parler dans le milieu littéraire (lettre de
Bayle, citée dans R. Picard, *Nouveau Corpus racinia-
num*, Paris, C.N.R.S., 1976, p. 94). Il est certain qu'au
cours des derniers mois de 1676, Racine a travaillé aux
répétitions de sa pièce, donnant des directives à l'actrice
Champmeslé qui tenait le rôle principal ; il insistait particulièrement sur les effets mélodiques dans la pronon-
ciation de l'alexandrin. Ce dernier détail indique un
aspect essentiel du travail racinien ; le dramaturge a le
souci de la qualité théâtrale de son œuvre et ses choix
esthétiques sont déterminés par les ressources et contraintes spécifiques de ce genre. On peut en observer les
effets en deux domaines : le choix du sujet et du cadre
de référence ; la prosodie.

Dès *La Thébaïde*, Racine avait manifesté son goût
pour les sujets tirés de la mythologie grecque ; son premier grand succès, *Andromaque*, appartient à la même
veine. Mais ensuite, avec *Britannicus*, il s'en était éloigné pour se tourner vers le genre de la tragédie « romaine », tragédie historique et politique dont Corneille avait
donné le modèle une génération plus tôt. *Iphigénie* et
Phèdre marquent son retour à l'inspiration mythologique. Celle-ci correspond sans aucun doute à une dispo-
sition particulière de Racine. Ses études à Port-Royal
l'avaient familiarisé avec la langue et les auteurs grecs,
qui jouissaient du plus haut prestige. Les théoriciens du
théâtre estimaient, à la suite d'Aristote, que les conflits
familiaux dont les légendes abondent fournissaient les
meilleurs sujets de tragédies, les plus propices à montrer

les passions violentes. Ainsi l'histoire d'Œdipe et de ses enfants : en la prenant pour sujet de *La Thébaïde*, Racine avait fait preuve du zèle d'un néophyte désireux de s'imposer au plus vite. Les sujets mythologiques étaient aussi en faveur pour les effets spectaculaires qu'ils permettaient : le jeu du merveilleux, les interventions des divinités, se prêtaient au décorum des « pièces à machines » (*La Toison d'or* de Corneille, par exemple) et de l'opéra, en plein essor dans les années 1670. Et même sans de tels effets, les évocations mythologiques offraient l'occasion de donner libre cours à l'imagination poétique, telle qu'elle se manifeste par exemple dans les récits de Théramène, voyage à travers l'espace mythologique (I, 1, v. 8 à 21) ou vision d'un monstre fabuleux (V, 6, v. 1498 à 1570), et d'Hippolyte citant les exploits de Thésée (I, 1, v. 75 à 92). Violence des amours, exploits mythiques et interventions du merveilleux correspondaient aux goûts de l'aristocratie. Racine propose un *alliage* esthétique complexe : à la liberté poétique et à la rêverie mythique permises par l'univers légendaire de référence, il associe une intrigue amoureuse et politique aussi « serrée » que dans une tragédie historique, et un dessin psychologique ambigu des personnages. Sa stratégie littéraire offensive d'écrivain sûr de son art vise ainsi à satisfaire aussi bien le public mondain amateur d'émotions exacerbées que les « doctes », les critiques et les théoriciens, attentifs au respect des règles et à la conduite rigoureuse de l'intrigue mais aussi à la moralité et à la bienséance de l'œuvre.

Le même effort se manifeste dans le détail du style. De l'édition initiale en 1677 à la dernière édition revue par Racine en 1697, *Phèdre* ne comporte pas dix variantes : c'est assez dire le soin initial donné à l'art de l'expression. Or *Phèdre* exige l'épanchement de passions extrêmes. Mais elles ne peuvent que rarement s'exprimer de façon directe : elles supposent souvent l'*euphémisation*. D'où le recours à des périphrases, allusions, métaphores, telles que les utilisait le langage mondain et « galant » d'alors. Elles produisent ce que L. Spitzer *(Études de style)* a caractérisé dans le style racinien comme un « effet de sourdine ». De telles constructions lui laissent le loisir d'élaborer les effets rythmiques et sonores qui font de *Phèdre* un texte *mélodique* dans les moments mêmes où il dit les situations paroxystiques.

Racine et **Phèdre** *aujourd'hui*

Racine a été, au XXᵉ siècle, l'auteur classique à propos duquel ont éclaté les polémiques les plus violentes, en particulier la « querelle de la Nouvelle Critique » dans les années 60. Il est aussi celui que les metteurs en scène modernes « affrontent » souvent comme un moyen d'éprouver et de prouver leur maîtrise du langage théâtral (sur ces deux points, voir « Racine aujourd'hui » dans J. Morel et A. Viala : *Racine, Théâtre complet*, Garnier).

Et au sein de son œuvre, depuis le XVIIᵉ siècle, *Phèdre* est la pièce la plus célèbre, auprès des lecteurs et des critiques (voir J.-J. Roubine, *Lectures de Racine*). Elle est la plus souvent étudiée dans les programmes scolaires. Au nombre de représentations, elle est égalée, voire dépassée, par *Andromaque* et *Britannicus*. Mais elle a donné lieu à des mises en scène particulièrement remarquées : celle de Gaston Baty (1939) qui présentait *Phèdre* comme une tragédie janséniste ; celle de J. Vilar au T.N.P. (1958), mettant l'accent sur les passions ; celles de J. Meyer à la Comédie-Française (1959) et d'A. Vitez (1975), en faisant l'image de l'atmosphère étouffante de la Cour louis-quatorzienne. Par ailleurs, *Phèdre* a toujours été la pièce de Racine que la critique analyse et interprète avec prédilection (voir Bibliographie). Elle apparaît ainsi comme le modèle que l'histoire a retenu du tragique racinien et même, au-delà, de la tragédie classique.

Dramaturgie

Dramaturge attentif au langage théâtral, écrivant une œuvre faite pour être vue et entendue avant tout, Racine ne fait rien qui puisse dérouter son public : il se plie aux conventions du genre tragique à son époque. C'est en intégrant ces contraintes qu'il élabore sa manière propre.

La structure de l'action

Elle est simple. *Phèdre* respecte sans peine la règle de l'unité de temps : l'action y tient sans invraisemblance en un jour. De même pour l'unité de lieu : la scène se déroule dans le palais royal de Trézène, sous un portique ou sur une terrasse où Phèdre vient voir le soleil « pour la dernière fois » (v. 172). Ce lieu ouvert donne accès aux appartements des divers protagonistes : ils peuvent donc y circuler et s'y rencontrer de façon toujours logique et justifiée. Le décor suppose les colonnes et portes d'un palais, avec pour seul accessoire important (v. 157) un siège (certaines mises en scène le représentent comme un banc de pierre sur une terrasse).

L'unité d'action est sans faille. Pourtant l'intrigue repose sur des données complexes. Un passé long et lourd pèse sur la journée décisive. Il se présente en trois strates distinctes. La plus ancienne comprend (voir Glossaire) les exploits de Thésée, sa conquête du trône d'Athènes par l'élimination des Pallantides, l'expédition contre le Minotaure, enfin ses deux mariages : avec l'Amazone Antiope, mère d'Hippolyte, et, après la mort de celle-ci, avec Phèdre. La seconde strate débute avec ce mariage : Phèdre s'éprend d'Hippolyte et, pour combattre la tentation, le fait exiler à Trézène. La troisième est précisément datée : six mois (v. 5). Elle correspond au départ de Thésée pour une nouvelle aventure ; pour le temps de son absence, il a confié Phèdre et Aricie à la garde d'Hippolyte : d'où la situation qui débouche sur la *crise* provoquée par le départ de Thésée. L'acte I et la scène 1 de l'acte II donnent au public les récits nécessaires pour rétablir la trame de tous ces événements ; ils lui procurent aussi le plaisir des évocations mythiques, tout à la fois fabuleuses et familières pour les hommes cultivés de ce temps.

L'action représentée comporte, en conséquence, trois niveaux d'intrigue. Le premier est proprement événementiel : la mort supposée de Thésée, puis son retour soudain. Le second est politique, et correspond à la strate de passé la plus ancienne. A l'annonce de la mort de Thésée, trois prétendants à sa succession sont en présence : Aricie, qui représente la lignée des Pallantides, Hippolyte, le premier fils, et Phèdre et son propre fils. Le troisième registre d'action, et le plus développé, relève de la psychologie amoureuse. Il y a dans *Phèdre*, comme dans *Andromaque*, une chaîne d'amours contrariées ou impossibles : Thésée aime Phèdre, qui aime Hippolyte, qui aime Aricie ; celle-ci l'aime en retour, mais leur union est impossible puisque Thésée a condamné Aricie au célibat. Et le désir de Phèdre est également interdit : il représente une forme d'inceste.

La disparition de Thésée déclenche à la fois les aveux amoureux interdits et les affrontements politiques : les trois plans de l'intrigue sont ainsi indissolublement liés et forment bien une seule action, mais aux complications multiples.

Ces données multiples s'ordonnent en une structure générale claire et équilibrée. L'événement décisif est le retour de Thésée : il constitue une *péripétie* au sens strict du terme, un renversement complet de la situation, un « coup de théâtre ». Or ce retour partage la pièce en deux moitiés parfaitement égales : il est annoncé au v. 827, et le texte en compte 1 654 au total. La structure de l'œuvre se fonde ainsi sur deux macro-séquences égales et opposées. Autour de cet événement-axe, les micro-séquences se répartissent de façon à produire un effet de symétrie :

Séquence A :
1. I, 1 : Hippolyte-Théramène ; exposition de la situation, rappel des faits passés.
2. I, 3 : Révélation par Phèdre, à Œnone, de son amour pour Hippolyte.
3. II, 1 et 2 : Révélation de l'amour réciproque d'Hippolyte et d'Aricie.

4. II, 5 : Aveu de Phèdre à Hippolyte.

Péripétie centrale : III, 3, retour de Thésée.

Séquence B :
1. IV, 1 : Accusation contre Hippolyte.
2. IV, 2 : Thésée condamne Hippolyte, qui lui révèle son amour pour Aricie.
3. IV, 4 à 6 : Jalousie de Phèdre, avouée à Œnone.
4. V, 1 : Décision de mariage et de fuite d'Aricie et d'Hippolyte.
5. V, 6 : Récit par Théramène de la mort d'Hippolyte.
6. V, 7 : Scène finale ; mort de Phèdre.

Il y a un effet de correspondance entre II, 5 et IV, 1 : deux forfaits, liés à l'inceste. De même, un écho entre II, 1 et 2 et IV, 2 (l'amour pour Aricie) ; écho inversé entre I, 3 (aveu d'amour) et IV, 6 (aveu de jalousie) ; correspondance encore entre I, 1 et V, 6. Mais la symétrie n'a rien de mécanique : les deux duos d'amoureux entre Hippolyte et Aricie ne sont pas situés exactement en reflet ; le premier forfait est accompli par Phèdre elle-même (II, 5), mais ensuite (IV, 1) elle laisse agir Œnone ; les deux scènes les plus violentes (II, 5 et IV, 2) opposent Hippolyte une fois à Phèdre, l'autre à Thésée. En outre, la seconde moitié de la pièce est chargée d'événements : les morts se succèdent à l'acte V, soit brièvement dite (pour Œnone), soit longuement racontée (Hippolyte), soit enfin visible sur scène (Phèdre). L'effet de symétrie se conjugue donc avec un effet de gradation. La dramaturgie soutient ainsi le mouvement de l'émotion esthétique, par le jeu des symétries et des différences entre les deux parties. L'équilibre de l'ensemble donne à la pièce une architecture que le spectateur perçoit aisément ; aussi son attention n'est pas distraite par les méandres de l'action. Les événements plus précipités dans la seconde partie marquent une accélération du rythme : la tension et l'émotion s'accroissent, pour culminer dans la catastrophe finale.

Les forces agissantes et leurs rapports

La dramaturgie de la tragédie classique se fonde sur le principe de la *catharsis* : provoquer chez le spectateur de violentes émotions (terreur, horreur, admiration, pitié) pour que les passions qu'il éprouve par projection dans la fiction soient ensuite, dans la réalité, mieux dominées par lui. Le problème pour le dramaturge n'est donc pas tant de concevoir ses personnages comme des illusions de « personnes » autonomes, mais de donner corps aux forces dont l'affrontement produit la catharsis. Ses « acteurs » (terme utilisé à l'époque pour désigner les personnages) sont les figures des forces agissantes de la tragédie.

Aussi, même si la tradition mythologique imposait à Racine nombre de comportements et de traits obligés de ses personnages, il a intégré ces contraintes à la configuration des forces en présence, dont la tension va croissant selon la gradation instaurée par la structure de l'action. Chaque figure d'une force agissante présente sur scène ou dans les paroles offre ainsi au spectateur l'occasion de parcourir une partie de la gamme des émotions liées à la catharsis. La pièce prise dans son ensemble en propose un éventail complet, ce qui lui donne son caractère de tragédie « modèle », couronnement d'un art et d'une carrière.

Thésée et Phèdre forment un couple de forces. Thésée est le « destinateur », au sens où le déroulement de l'action dépend de ses décisions : détenant un pouvoir absolu, il peut donner ou refuser aux autres les moyens de réaliser leurs désirs, comme il a sur eux droit de vie et de mort. Durant la première moitié de la pièce, on ne sait de lui que ce qu'en disent ses proches : son image est alors ambiguë ; admirable par ses exploits, il est blâmé pour sa versatilité amoureuse (v. 74 à 99). Lorsqu'il survient sur scène ensuite, autoritaire et emporté, il inspire la terreur (v. 977), avant de devenir en partie, au dénouement, objet de pitié. Face à lui, Phèdre se trouve en position de « sujet » : c'est elle qui désire et agit (aveu, jalousie, accusation, suicide). Mais elle est un

« sujet » malgré elle : lors de son aveu, dépassée par son langage, elle commet un acte de duplicité sans l'avoir délibéré, poussée par ses « fureurs » ; aussi est-elle en même temps objet de pitié (elle s'efforce de résister) et d'« horreur », puisque la passion incestueuse l'emporte : elle est en position d'un « sujet » illégitime, qui transgresse un tabou.

Hippolyte représente l'« objet » du désir de Phèdre, mais il est aussi « sujet » en aimant Aricie. Son statut est donc ambigu, d'autant que sa passion aussi transgresse un tabou, établi par Thésée. Cependant, avec Aricie, objet de son amour, il forme un couple dont les duos font place au langage galant, que le public appréciait, et font contrepoint aux « fureurs » de Phèdre.

Mais leur couple est en position de faiblesse parce qu'interviennent les *dieux* : s'ils ne sont pas des personnages, ces derniers constituent néanmoins des forces agissantes importantes dans cette tragédie, en particulier Vénus (déesse de l'amour) et Neptune (protecteur de Thésée). Ils ne sont pas directement présents, mais évoqués (ainsi dans le récit de Théramène, V, 6), et invoqués comme ancêtres ou persécuteurs des héros. Ils deviennent une autre forme de figuration des forces passionnelles. Par là, la tragédie de l'amour interdit devient une tragédie de la fatalité, où la pensée et la parole rendent aussi coupable que l'action elle-même. Or, les personnages de la pièce sont, dans l'univers mythologique de référence, des « héros » au sens strict, c'est-à-dire qu'ils se situent à mi-chemin entre les hommes et le monde des dieux. Phèdre a pour ancêtre le Soleil, et son père Minos, figure de la sagesse parfaite, a été selon le mythe élevé au rang de juge des Enfers, symbole de la justice suprême.

Phèdre est donc une tragédie du langage et du sacré : devant les dieux plus encore que devant les hommes, la parole équivaut à une action. Né de l'affectivité, des pulsions, le drame devient affrontement de valeurs transcendantes.

Vers clefs

Noble et brillant auteur d'une triste famille,
Toi, dont ma mère osait se vanter d'être fille,
Qui peut-être rougis du trouble où tu me vois,
Soleil, je te viens voir pour la dernière fois
(169-172).

Quand tu sauras mon crime, et le sort qui m'accable,
Je n'en mourrai pas moins, j'en mourrai plus coupable
(241-242).

Athènes me montra mon superbe ennemi.
Je le vis, je rougis, je pâlis à sa vue ;
Un trouble s'éleva dans mon âme éperdue ;
Mes yeux ne voyaient plus, je ne pouvais parler ;
Je sentis tout mon corps et transir et brûler.
Je reconnus Vénus et ses feux redoutables
(272-277).

Oui, Prince, je languis, je brûle pour Thésée.
Je l'aime, non point tel que l'ont vu les enfers,
Volage adorateur de mille objets divers,
Qui va du dieu des morts déshonorer la couche,
Mais fidèle, mais fier, et même un peu farouche,
Charmant, jeune, traînant tous les cœurs après soi,
Tel qu'on dépeint nos dieux, ou tel que je vous voi
(634-640).

[...] Rappelez votre vertu passée :
Le roi, qu'on a cru mort, va paraître à vos yeux ;
Thésée est arrivé, Thésée est en ces lieux
(826-828).

Que vois-je ? Quelle horreur dans ces lieux répandue
Fait fuir devant mes yeux ma famille éperdue ?
Si je reviens si craint et si peu désiré,
Ô ciel ! de ma prison pourquoi m'as-tu tiré ?
(953-956).

Fuis, dis-je ; et sans retour précipitant tes pas,
De ton horrible aspect purge tous mes États.

Et toi, Neptune, et toi [...]
Je t'implore aujourd'hui. Venge un malheureux père
(1063-1073).

Déjà je ne vois plus qu'à travers un nuage
Et le ciel et l'époux que ma présence outrage ;
Et la mort, à mes yeux dérobant la clarté,
Rend au jour qu'ils souillaient toute sa pureté
(1641-1644).

Biobibliographie

1639. — 22 décembre, baptême de Jean Racine à La
Ferté-Milon. Né d'une famille honorable (son
père est procureur au baillage et greffier au gre-
nier à sel de La Ferté), mais modeste, liée aux
jansénistes de Port-Royal.

1641. — Mort de la mère de Racine.

1642. — Agnès Racine, tante de Jean, entre à Port-
Royal dont elle sera plus tard abbesse (sœur
Agnès de Sainte-Thècle).

1643. — Mort du père de Racine, sans succession. Jean
Racine est recueilli par ses grands-parents mater-
nels.

1649. — Mort du grand-père de Racine. Jean est admis
à titre gracieux aux Petites Écoles de Port-
Royal.

1649-1658. — Éducation de Racine à Port-Royal, sous
la direction d'Arnauld, A. Le Maître, Lancelot,
Nicole, M. Hamon.

1658. — Racine fait sa philosophie au collège d'Har-
court (à Paris).

1660. — A l'occasion du mariage du roi, ode de *La
Nymphe de la Seine à la Reine.*

1661-1662. — Départ pour Uzès, où son oncle, le vi-
caire général Sconin, pense pouvoir lui obtenir un
bénéfice ecclésiastique. Racine étudie la théologie,
lit, écrit des vers.

1663. — Retour à Paris, sans avoir obtenu de bénéfice.
Ode sur la convalescence du roi, qui lui vaut une

promesse de gratification. Fréquente les milieux littéraires (Boileau, Molière), est présenté à la Cour.

1664. — Première (20 juin) de *La Thébaïde*, par la troupe de Molière, édition de la pièce en octobre. Reçoit une première gratification royale (600 livres).

1665. — Création d'*Alexandre* (4 décembre) par la troupe de Molière. Quelques jours après, Racine donne sa pièce à l'Hôtel de Bourgogne. Brouille avec Molière.

1666. — Édition d'*Alexandre*. Polémique contre Nicole, qui condamnait les auteurs de théâtre. Rupture avec Port-Royal.

1667. — Création d'*Andromaque* (17 novembre) devant le roi et la Cour. Immense succès.

1668. — Édition d'*Andromaque*. Création (en novembre) des *Plaideurs*.

1669. — Édition des *Plaideurs*. Création (13 décembre) de *Britannicus* à l'Hôtel de Bourgogne. Racine se pose en rival de Corneille.

1670. — Édition (janvier) de *Britannicus*. Création de *Bérénice* devant la Cour (14 décembre) puis représentations à l'Hôtel de Bourgogne.

1671. — Édition de *Bérénice*.

1672. — Création de *Bajazet* à l'Hôtel de Bourgogne (5 janvier). Édition le 20 février. Réédition d'*Alexandre*.

1673. — Racine entre à l'Académie française (12 janvier). Création de *Mithridate* (13 janvier) à l'Hôtel de Bourgogne. Édition en mars. Réédition d'*Andromaque*, avec remaniements (juin).

1674. — Création d'*Iphigénie* à Versailles, au cours de fêtes royales (18 août). Racine accède à la charge de Trésorier de France à Moulins (27 octobre). Édition d'*Iphigénie* (février).

1676. — Édition collective des *Œuvres* de Racine, textes et préfaces revus (31 décembre 1675).

1677. — Création (1er janvier) de *Phèdre et Hippolyte*, édition le 15 mars sous le titre de *Phèdre*. Racine épouse Catherine de Romanet ; il aura deux fils et cinq filles. Nommé, avec Boileau, historiographe du roi. Gratification exceptionnelle de 6 000 livres (septembre).

1679. — Racine a renoué avec Port-Royal, en faveur duquel il interviendra de plus en plus souvent. Est soupçonné un moment dans l'« Affaire des poisons ».

1681. — Nouvelle édition d'*Alexandre*.

1683. — Avec Boileau, petit opéra de Cour. Traduction du *Banquet* de Platon. Entre à l'Académie des Inscriptions.

1684. — *Éloge historique du Roi sur ses conquêtes depuis 1672 jusqu'en 1678*.

1685. — A l'Académie française, éloge de Pierre Corneille (lors de la réception de Thomas Corneille comme successeur de son frère). *Idylle sur la Paix*, sur une musique de Lully, lors de fêtes royales.

1686. — Racine vient en tête sur la liste des gratifications royales (celle qu'il reçoit n'a cessé d'augmenter depuis 1664).

1687. — Deuxième édition collective des *Œuvres*, avec quelques retouches. *Hymnes tirés du Bréviaire romain*.

1688. — Nouvelle gratification exceptionnelle. Racine travaille à *Esther*, sur la demande de Mme de Maintenon.

1689. — Création d'*Esther* devant le roi (26 janvier). Grand succès mondain, édition en mars. Racine travaille à *Athalie*.

1690. — Racine devient gentilhomme ordinaire du roi.

1691. — Création d'*Athalie* (5 janvier) devant le roi et un public restreint, édition en mars.

1692. — Pension d'historiographe établie à 4 000 livres. Réédition d'*Athalie*.

1696. — Racine négocie en faveur de Port-Royal ; devient conseiller secrétaire du roi. Travaille à l'*Abrégé de l'Histoire de Port-Royal*.

1697. — Troisième édition collective, revue, de ses
     Œuvres.
1699. — 21 avril, mort de Racine. Il sera inhumé au
     cimetière de Port-Royal.

QUELQUES LECTURES

Sur Racine et l'ensemble de son œuvre

RACINE, *Théâtre complet*, éd. J. Morel et A. Viala, Paris,
    Garnier, 1980.
BACKÈS, J., *Racine*, Paris, Le Seuil, 1978.
BARTHES, R., *Sur Racine*, Paris, Le Seuil, 1963.
BUTLER, P., *Baroque et Classicisme dans l'œuvre de
    Racine*, Paris, Nizet, 1958.
GOLDMANN, L., *Le Dieu caché*, Paris, Gallimard, 1956.
    Racine, Paris, L'Arche, 1971.
KNIGHT, R.C., *Racine et la Grèce*, Paris, Nizet, 1950.
MAURON, Ch., *L'Inconscient dans l'œuvre et la vie de
    Racine*, Gap, Ophrys, 1957.
PICARD, R., *La Carrière de Racine*, Paris, Gallimard,
    1956.
POMMIER, J., *Aspects de Racine*, Paris, Nizet, 1954.
ROUBINE, J.-J., *Lectures de Racine*, Paris, Colin, 1971.
SCHERER, J., *Racine et/ou la cérémonie*, Paris, P.U.F.,
    1982.

*Sur la situation de Racine
dans la vie littéraire de son temps*

VIALA, A., *Naissance de l'écrivain*, Paris, éd. de Minuit,
    1985.

Sur Phèdre

Il est bon de lire l'*Hippolyte* d'Euripide et, pour situer
Phèdre dans le genre tragique classique :

MOREL, J., *La Tragédie*, Paris, Colin, 1964.
TRUCHET, J., *La Tragédie classique en France*, Paris,
    P.U.F., 1975.

Sur la pièce elle-même et son interprétation

BARRAULT, J.-L., *Phèdre*, Paris, Le Seuil, « Mises en scène », 1946.

DELMAS, Ch., « La Mythologie dans la *Phèdre* de Racine », *Revue d'histoire du théâtre*, 1971, n° 1.

HALL, H.G., « A propos de *Phèdre* : quatre schémas mythologiques », *La Mythologie au XVIIᵉ siècle*, Marseille, CMR 17, 1982.

MAULNIER, Th., *Lecture de* Phèdre, Paris, Gallimard, 1943.

MAURON, Ch., *Phèdre*, Paris, Corti, 1968.

MÉRON, E., « De l'*Hippolyte* d'Euripide à la *Phèdre* de Racine : deux conceptions du tragique », *XVIIᵉ siècle*, 1973, n° 100.

PELOUS, J.-M., « Métaphores et figures de l'amour dans *Phèdre* », *Travaux de linguistique et de littérature*, 1981, n° 2.

SELLIER, Ph., « De la tragédie considérée comme une liturgie funèbre : *Phèdre* », *L'Information littéraire*, janv.-fév. 1979.

Pour les notions et démarches nécessaires à l'analyse critique et méthodique du texte :

SCHMITT, M.-P. et VIALA, A., *Savoir lire*, Paris, Didier, 1982.

Lexique

Sont relevés ici les termes (notamment des métaphores usuelles de la poésie classique) dont l'emploi peut faire difficulté ou ambiguïté. Les chiffres indiquent les occurrences principales ou typiques.

Affreux : digne des Enfers - v. 1132, 1143.

Amant, amante : qui aime et est aimé ; le mot ne suppose pas une relation consommée - v. 1578, 1586, 1654.

Avouer, « avouer de » : donner son appui, confirmer - v. 811.

Chagrins : attitude de refus, de sévérité - v. 1111.

Charme : puissance surnaturelle (de « carmen », chant ou formule magique) - v. 1298.

Confus : l'esprit profondément troublé - v. 1607.

Courage : synonyme de « cœur » (siège des sentiments) - v. 123, 449, 1417. S'emploie aussi au sens de « vaillance » - v. 1065.

Déplorable : digne de pitié - v. 1014.

Empire : pouvoir - v. 211.

Ennui : douleur - v. 255.

Éprouver (s') : résister, se soumettre à une épreuve - v. 541.

Feu : passion amoureuse - v. 993, 1113, 1194, 1628.

Fier, fierté : caractère orgueilleux - v. 407, 519, 638.

Flamme : passion amoureuse - v. 1118, 1625. Foudre - v. 881.

Foi : confiance, fidélité - v. 1043. Serment (en particulier amoureux) - v. 1204, 1390.

Formidable : qui inspire la plus grande terreur - v. 1394, 1509.

Frivole : sans consistance - v. 1189.

Fureur, furieux : folie, possédé de folie (en latin, *furor* : être possédé par une divinité) - v. 853, 1015, 1048, 1228, 1290, 1650. Colère extrême - v. 1076, 1627.

Furtive : qui se dissimule - v. 1234.

Généreux : qui fait preuve de grandeur d'âme - v. 443.

Hymen : mariage - v. 300, 1391.

Neveux : signifie aussi descendants - v. 426.

Ravir : emporter, enlever - v. 1468, 1571.

Respirer : prendre du repos - v. 943.

Séduire : détourner du droit chemin, tromper - v. 1233.

Superbe : d'une fierté extrême, d'un orgueil excessif - v. 127, 488.

Timide : craintive, réservée - v. 1097, 1410.

Travaux : exploits - v. 467, 944, 1068.

Glossaire des noms propres
(sauf les noms de villes)

(Pour des compléments commodes, voir SCHMIDT, J., *Dictionnaire de la mythologie grecque et romaine*, Larousse, éd. 1983.)

Achéron : fleuve d'Épire. Dans la mythologie, un des fleuves des Enfers s'appelle aussi Achéron (« celui qui roule dans les douleurs »). De cette homonymie était née la légende selon laquelle l'entrée des Enfers se trouvait en Épire - v. 12, 626.

Alcide : patronyme d'Hercule (voir ce nom) - v. 78, 470, 1141. (Les colonnes d'Alcide sont l'actuel détroit de Gibraltar.)

Antiope : reine des Amazones, première épouse de Thésée et mère d'Hippolyte - v. 125.

Ariane : sœur de Phèdre. Éprise de Thésée, elle lui donna le fil qui lui permit de sortir du Labyrinthe après avoir tué le Minotaure. Elle fut ensuite enlevée et abandonnée par Thésée dans l'île de Naxos - v. 89, 253.

Aricie : personnage créé par Racine. Sœur des Pallantides (voir ce nom) massacrés par Thésée (voir tableau généalogique II).

Attique : péninsule à l'extrémité sud-est de la Grèce (Athènes) unifiée par Thésée - v. 507.

Cercyon : brigand légendaire tué par Thésée, de même que Procuste, Scirron et Sinnis - v. 80.

Cocyte : fleuve de la région d'Épire, homonyme comme l'Achéron d'un fleuve des Enfers - v. 385.

Crète : royaume où régnait Minos, père de Phèdre - v. 82, 505, 643, 649. (Le monstre de la Crète est le Minotaure.)

Diane : nom latin d'Artémis, déesse de la chasse, vierge et chaste, protectrice d'Hippolyte - v. 1404.

Égée : petit-fils ou petit-fils adoptif d'Erechthée selon les versions de la mythologie. Roi d'Athènes contesté par ses neveux les Pallantides (voir ce nom), il est raffermi dans son pouvoir lorsque son fils Thésée apparaît à Athènes - v. 269, 497.

Élide : région à l'ouest du Péloponnèse - v. 13.

Épidaure (le géant d'Épidaure) : Périphétès, tué par Thésée - v. 81.

Épire : région au nord-ouest de la Grèce où, selon la légende, se situait l'entrée des Enfers. Le tyran de l'Épire (v. 958) est donc ici le maître des Enfers - v. 730, 978.

Érechthée : roi fondateur d'Athènes, fils de la Terre (Gaïa), ancêtre à la fois de Pallas et des Pallantides et d'Égée et Thésée (voir notes 1 p. 37 et 3, p. 39) - v. 426.

Hélène : princesse de Sparte (voir note 1, p. 22) - v. 85.

Hercule : nom latin d'Héraklès (voir aussi Alcide), demi-dieu auteur de nombreux exploits (les « douze travaux »). Thésée l'accompagna dans certaines de ses expéditions. Connu pour ses nombreuses aventures amoureuses. La légende de Thésée est souvent rapprochée de celle d'Hercule - v. 122, 454, 943.

Hippolyte : fils de Thésée et d'Antiope, élevé par Pitthée (voir ce nom). Successeur légitime de Trézène (voir note 1, p. 39). (Voir tableau généalogique III.)

Icare : fils de l'architecte Dédale, que Minos avait chargé de construire le Labyrinthe. Enfermés dans celui-ci, Dédale et Icare s'en échappèrent en se fabriquant des ailes. Pour s'être trop élevé vers le soleil, Icare vit fondre la cire qui maintenait ses ailes et tomba dans la mer qui porte son nom - v. 14.

Junon : nom latin d'Héra, épouse de Jupiter - v. 1404.

Jupiter : nom latin de Zeus, principal dieu de l'Olympe - v. 862.

Labyrinthe : construit en Crète par Dédale sur l'ordre de Minos, pour enfermer le Minotaure - v. 656.

Médée : enlevée par Jason dans l'expédition de la Toison d'or, elle devint son épouse. Il l'abandonna et pour se venger elle empoisonna leurs enfants, se réfugiant ensuite à Athènes auprès d'Égée (voir note 1, p. 89) - v. 1638.

Minerve : nom latin d'Athéna (voir note 1, p. 34) - v. 360.

Minos : roi de Crète, époux de Pasiphaé, père de Phèdre et d'Ariane. Sa grande sagesse lui valut, après sa mort, d'être désigné comme juge aux Enfers - v. 36, 644, 755, 1280.

Minotaure : homme à tête de taureau né de l'amour monstrueux de Pasiphaé pour un taureau. Enfermé par Minos dans le Labyrinthe, on lui sacrifiait chaque année sept jeunes gens et jeunes filles d'Athènes. Il fut tué par Thésée avec l'aide d'Ariane - v. 82.

Neptune : dieu de la mer (voir note 1, p. 23), protecteur de Thésée qui avait débarrassé les rivages des brigands (voir Cercyon) - v. 131, 550, 621, 1065, 1158, 1178, 1190, 1484.

Olympe : montagne au nord de la Grèce, où la mythologie situait le séjour des dieux - v. 1304.

Pallantides : les fils de Pallas, descendants d'Érechthée, cousins de sang ou d'adoption de Thésée, et qu'il massacra pour s'assurer le pouvoir à Athènes - v. 53, 330, 424, 426 (neveux d'Érechthée), 1124.

Parque : la Parque est la divinité de la mort - v. 469.

Pasiphaé : fille du soleil, épouse de Minos, et mère de Phèdre. Hélios (le soleil) avait dénoncé les amours de Vénus et de Mars. Pour se venger, Vénus rendit Pasiphaé amoureuse d'un taureau dont elle eut un enfant monstrueux : le Minotaure - v. 36, 250.

Péribée : épouse de Télamon, roi de Salamine, elle fut aimée et abandonnée par Thésée - v. 86.

Phèdre : fille de Minos et de Pasiphaé, demi-sœur du Minotaure. Seconde épouse de Thésée, après la mort d'Antiope. Elle lui donna deux fils, Acamas et Démophon (voir tableau généalogique I).

Pirithoüs : compagnon de Thésée, tué par Haedonnée, tyran de la région d'Épire - v. 384, 962.

Pitthée : roi de Trézène, grand-père de Thésée qu'il a élevé et dont il a fait son successeur. Précepteur du jeune Hippolyte - v. 478, 1103.

Procuste : voir Cercyon - v. 80.

Scirron : voir Cercyon - v. 80.

Sinnis : voir Cercyon - v. 80.

Ténare : cap au sud du Péloponnèse - v. 13.

Thésée : fils de l'union d'Égée (roi d'Athènes) avec Aethra (fille de Pitthée, roi de Trézène). Élevé à Trézène par sa mère et son grand-père, il n'apprend qu'à seize ans qu'Égée est son père. Il part alors pour Athènes, accomplissant de nombreux exploits sur son chemin, et se fait reconnaître par Égée. Il massacre ses cousins, les Pallantides, qui prétendaient à la succession d'Égée, celui-ci étant jusqu'alors sans descendance. Il délivre Athènes du Minotaure, et devient roi après la mort d'Égée. Unificateur de la région de l'Attique en une seule cité (Athènes). Enlève et épouse Antiope, reine des Amazones, dont il a un fils, Hippolyte. Après la mort d'Antiope, épouse Phèdre.

Vénus : nom latin d'Aphrodite, déesse de l'amour - v. 61, 123, 249, 257, 277, 306, 814.

TABLEAUX GÉNÉALOGIQUES

I/ *Phèdre (la Crète)*

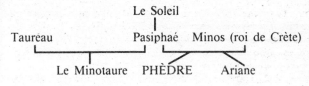

II/ *Aricie (Athènes)*

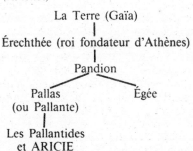

III/ *Thésée (Athènes et Trézène)*

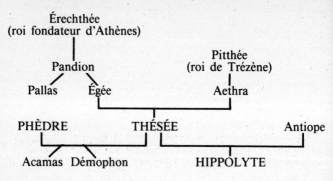

Notes

Page 14.

1. « Prit son corps de force. »

2. Dans *l'Énéide*, livre VII, il est raconté qu'Artémis-Diane, déesse protectrice d'Hippolyte, obtint du fameux médecin Esculape qu'il ressuscitât ce héros.

Page 15.

1. Le récit mythologique.

Page 17.

1. La nourrice n'est pas une servante du dernier rang : elle a ici statut de « suivante », donc un rang élevé.

Page 19.

1. La mer Ionienne et la mer Égée.

2. L'Achéron, fleuve de la région d'Épire, est homonyme d'un fleuve mythique des Enfers (voir Glossaire).

3. La mer Icarienne entoure l'île de Samos, près de l'Asie Mineure. Théramène a donc parcouru toutes les terres grecques : du nord et de l'ouest (Épire, Élide) au sud du Péloponnèse (Ténare) et jusqu'à l'extrême est (mer Icarienne).

4. Le mot est féminin au pluriel dans la langue classique.

Page 20.

1. Licence orthographique qui permet la liaison, pour garder les douze syllabes de l'alexandrin.

Page 22.

1. La légende de Thésée lui attribue un enlèvement d'Hélène de Sparte, ensuite épouse de Ménélas puis cause de la guerre de Troie.

Page 23.

1. Selon la mythologie, Neptune a enseigné aux hommes l'art de dresser les chevaux.

Page 25.

1. Dans la mythologie, Pasiphaé, mère de Phèdre, était fille du dieu Hélios (le soleil).

Page 27.

1. Hippolyte, fils d'une Amazone. Le pays des Scythes est au nord de la mer Noire ; la légende y situe le royaume des Amazones.

Page 28.

1. Phrase d'intonation affirmative : Œnone ne doute pas de l'innocence de sa maîtresse.

2. Il s'agit là du thème du « péché par pensée ».

Page 29.

1. L'amour fou de Pasiphaé (voir ce nom) pour un taureau.

Page 30.

1. Il s'agit du rivage de Trézène (voir la tirade qui suit).

Page 31.

1. Phèdre sacrifiait des animaux aux dieux pour leur demander de la laisser retrouver sa raison.

2. Les enfants nés de son mariage avec Thésée.

Page 33.

1. Le départ annoncé par Hippolyte à la scène 1 devient, après l'annonce de la mort de Thésée, départ pour Athènes, afin de s'assurer le pouvoir. Le conflit politique commence là.

Page 34.

1. Selon la légende, les remparts d'Athènes furent édifiés par Athéna, dont le nom latin est Minerve (au XVIIᵉ siècle, on mêle aisément les références grecques et latines à la mythologie).

Page 36.

1. Suite de l'ambiguïté instaurée au v. 12 entre le voyage en Épire et la descente aux Enfers.

2. Licence orthographique pour maintenir la « rime pour l'œil ».

Page 37.

1. Aricie descend d'Érechthée (voir ce nom), selon la légende fils de Vulcain et de la Terre.

2. Le « soin » pris par Thésée d'interdire le mariage à Aricie, pour que les Pallantides n'aient pas de descendants.

« Soupçonneux » équivaut ici à « suspicieux ».

Page 39.

1. Pitthée, qui a élevé Thésée, était roi de Trézène ; la venue au pouvoir d'Hippolyte peut être discutée à Athènes, dont Thésée a conquis le trône de force, mais non à Trézène, dont il est l'héritier légitime (voir Glossaire).

2. Sous-entendu « et nomme aussi... ».

3. Érechthée (voir v. 421). Le droit de succession allait à Pallas, petit-fils d'Érechthée alors que, selon une version de la légende, Égée, père de Thésée, n'en était que petit-fils adoptif.

Page 40.

1. « Décevant » parce que cet amour est impossible (pour « charme », voir Lexique).

Page 41.

1. Insulter aux fers des captifs : blâmer ceux qui se laissent saisir et emprisonner par l'amour.

2. Cette métaphore sur les dangers (orages) de l'amour est une adaptation d'une formule de Lucrèce (Suave mari magno, *De la Nature*, II, 1).

3. Écho d'un vers de Ronsard (sonnet « Comme un chevreuil... », imité de Bembo). De telles tournures « galantes » sont fréquentes chez Racine (voir par exemple *Andromaque*, v. 320).

4. Le langage amoureux est inhabituel, « étranger » pour Hippolyte.

Page 43.

1. Voir note 2, page 36.

Page 44.

1. Pour le public, ces paroles ont un effet d'ironie tragique : Hippolyte invoque une protection alors que, sans le savoir, il annonce ce qui causera sa propre mort.

Page 46.

1. Allusion à l'enlèvement de Proserpine (épouse du dieu des Enfers) auquel Thésée aurait pris part, selon la légende.

Page 48.

1. Didascalie implicite : Phèdre s'empare de l'épée d'Hippolyte.

Page 49.

1. Aux xe-viie siècles avant J.-C., Athènes avait une structure fondée sur la répartition des habitants en quatre tribus, elles-mêmes divisées en phratries.

Page 53.

1. Pour toutes les femmes (« sexe » sous-entend ici « féminin »).

2. Les premières éditions donnent « peins-lui » ; l'édition de 1697 porte « plains-lui », tournure qui s'accorde mieux au champ sémantique lexical qui environne cette proposition.

Page 56.

1. Dans les ancêtres mythiques de Thésée figure Zeus-Jupiter.

Page 59.

1. La mer Ionienne et la mer Égée.

2. Des murènes.

3. Continuation de l'ambiguïté entre l'Épire et les Enfers, mais en l'explicitant cette fois ; Racine se réfère à une tradition présente chez Plutarque et Pausanias.

4. Construction usuelle en français classique : *par* qui.

Page 60.

1. Voir note 2, page 36.

Page 69.

1. Dans l'Antiquité, on jurait par le Styx, fleuve des Enfers.

2. Écho de la Genèse (IV, 4), à propos du meurtre d'Abel par Caïn.

Page 74.

1. L'urne utilisée pour décider du sort des âmes.

Page 75.

1. « Sacrilège » parce qu'injustifié.

Page 76.

1. La dénonciation des mauvais conseillers est un thème banal dans la littérature classique.

Page 78.

1. Trézène, profané par le forfait de Phèdre.

2. Valeur d'ablatif absolu : « si j'étais votre épouse ».

Page 79.

1. Temple de Neptune ou de Zeus.

Page 82.

1. Qui exprime la pitié : thème de l'intuition due aux sentiments paternels, de la prémonition par la « voix du sang ». Le thème est repris au v. 1565.

Page 83.

1. Construction alors possible pour « prêt à ».

Page 84.

1. « Foudre », dans ce contexte, prend une connotation mythique, par écho du « foudre » de Zeus.

Page 86.

1. Le mors.

2. Neptune : l'utilisation de la référence aux dieux par on-dit est un moyen de faire une place au merveilleux ; même procédé au dénouement d'*Iphigénie*.

Page 89.

1. Allusion probable à la *Médée* de Corneille. Médée, épouse d'Égée, tenta d'empoisonner Thésée quand il vint revendiquer son droit de succéder à Égée.

Page 90.

1. En adoptant Aricie, Thésée répare en partie sa faute et, faisant cesser les rivalités politiques, établit définitivement sa légitimité. Ces derniers vers restituent une lueur d'espoir, et, comme le fait souvent Racine, ont valeur de contrepoint au dénouement tragique.

Table

Crédit photos

Lipnitski, p. 47; Lipnitski-Viollet, p. 45;
Bernand, p. 73; Enguerrand, p. 85.

Composition réalisée par C.M.L., Montrouge

IMPRIMÉ EN FRANCE PAR BRODARD ET TAUPIN
Usine de La Flèche (Sarthe).
LIBRAIRIE GÉNÉRALE FRANÇAISE - 6, rue Pierre-Sarrazin - 75006 Paris.

ISBN : 2 - 253 - 03781 - 8   ◈ 30/6127/2